Análisis crítico de los elementos de la trama de la novela La Fortaleza Digital
Entre la Ficción y la Realidad

Dougglas Hurtado Carmona
Yesenia Vidal Martínez
Gustavo Adolfo Matos
Evelyn Muñiz Pérez

Análisis crítico de los elementos de la trama de la novela La Fortaleza Digital
Entre la Ficción y la Realidad

Análisis crítico de los elementos de la trama de la novela La Fortaleza Digital
Entre la ficción y la realidad

Douglas Hurtado Carmona
Yesenia Vidal Martínez
Gustavo Adolfo Matos
Evelyn Muñiz Pérez

ISBN (Print): 978-1-312-52527-6
ISBN (Epub): 978-1-312-52526-9
© Copyright 2023.
Primera Edición

Contacto: dougglas@gmail.com

Portada:
Adaptado de Back view of hooded hacker sitting near computer monitors with data on screens on black. depositphotos #342534150 © VitalikRadko

Ninguna parte de esta publicación, incluido su diseño de portadas e ilustraciones, puede ser reproducida, almacenada o transmitida de manera alguna ni por ningún medio de cualquier especie sin permiso previo del editor.

COMITÉ CIENTIFICO

Luis Armando Cobo Campo
PhD. en Ingeniería Informática de la Universidad de Montreal, Canadá, Doctor en Ingeniería de la Universidad de los Andes. Magíster en Ingeniería de Sistemas y Computación, Ingeniero de Sistemas y Computación, Universidad de los Andes. Decano faculta de Ingeniería de Sistemas. Con más de 15 años de experiencia en la docencia e investigación en las áreas de programación de computadores, sistemas embebidos, nuevos paradigmas de programación, inteligencia artificial y redes de computadores.

Francis Araque Barboza
Doctora en Ciencias Humanas, Magister en Gerencia Pública, Socióloga (Universidad del Zulia, Venezuela). Investigador, docente de posgrado y doctorado, Universidad del Zulia. Universidad Nacional Experimental Rafael María Baralt. Más de 36 años de experiencia profesional. Publicación de artículos. Tutor de tesis de maestría y doctoral. Conferencista internacional. Docente a nivel de pregrado, postgrado y Doctorado, Investigadora principal y coinvestigadora de Proyectos de Investigación, 30 años de experiencia en Docencia e investigación en Educación Superior, integrante del grupo de investigación EDUSAR, tutora de tesis a nivel de pregrado, postgrado y Doctorado, área familia, discapacidad, género, identidades, maltrato intrafamiliar. Profundización en área de filosofía, epistemología e investigaciones cualitativas.

Jorge Luis Vengoechea Orozco
Doctor en gestión de la Innovación. Magister en Administración de Empresas University of Louisville. Docente investigador Universidad Metropolitana de Barranquilla. Asesor Académico. Fue decano Facultad de Ciencias económicas y administrativas

CONTENIDO

INTRODUCCIÓN 1

LA FORTALEZA DIGITAL 3

    El libro la Fortaleza Digital 4
    Dan Brown como autor 5
    Aportes del libro 6

ELEMENTOS DE LA TRAMA CON TENDENCIA A LA REALIDAD 9

    Kanji 10
    Década de 1980 y el correo electrònico 11
    Criptografia 14
    Tres millones de procesadores 15
    Capacidad de Transltr 17
    Una imposibilidad matemática 18
    Ataque por fuerza bruta 20
    Autocifrado 21
    Enviar correos a una cuenta muerta 23
    España no es la capital de la criptografia 25
    Automóvil con gagets 26
    Norma única de encriptación de llave pública 28
    Longitud de números telefónicos 31
    Lenguaje LIMBO se basaba en C y Pascal 32
    Sys-Sec 34
    Consumo energético de Transltr 36
    Calculó inmediato de las probabilidades 37

ELEMENTOS DE LA TRAMA CON TENDENCIA A LA FICCIÓN 39

    Coeficiente intelectual 39
    Cifrado de sustitución 41
    Transltr la supercomputadora 43
    En 1990 las claves de acceso tenían más de 50 caracteres 45
    Inversión en la NSA 46
    Principio de Bergofsky 48
    Algoritmos de encriptación, las fórmulas matemáticas 50
    NDAKOTA@ara.anon.org 52
    Rastreador 54
    Rasteador en lenguaje LIMBO 56
    ARA reenvíe los correos que recibe 57

Software BrainStorm 59
Software para perfilar estrategias complejas y predecir puntos débiles 61
Puerta trasera oculta en el algoritmo 62
Monocle 64
Computador miniatura 66
Características de Monocle 67
Transltr desencriptar un archivo en tres horas 69
Manopla es el mejor 70
Transltr funciona siempre con su sistema de refrigeración por freón 71
Búsqueda no conformista 73
Interruptor de desvío en Manopla 74
En Transltr el virus ha bloqueado los procesadores 76
Cadenas de mutación 77
Las sesiones de brainstorming 79
Cadenas de mutación peligrosas 80
Los virus se reproducen 81
Bienvenidos a la extorsión digital 84

CONCLUSIONES 87
BIBLIOGRAFÍA 91

Introducción

"La Fortaleza Digital" de Dan Brown es una obra que oscila entre la realidad y la ficción, creando un mundo altamente tecnológico y fascinante que captura la imaginación del lector. Después de un análisis detallado de varios elementos de la trama de la novela, se pueden identificar tendencias tanto reales como ficticias que contribuyen a la trama general y al atractivo de la historia.

Al examinar los elementos con tendencia a la realidad, encontramos que Brown hace uso efectivo de su investigación y conocimiento tecnológico para darle a su trama una sensación de autenticidad. Utiliza sistemas de escritura auténticos como el Kanji, retrata con precisión el desarrollo de tecnologías como el correo electrónico y muestra un sólido conocimiento de la criptografía y su importancia en la seguridad de la información. Sin embargo, a veces tiende a exagerar ciertos aspectos, como la capacidad y sofisticación de las supercomputadoras, lo cual todavía está más allá de nuestras capacidades tecnológicas actuales.

Por otro lado, los elementos de la trama con tendencia a la ficción, como Transltr la supercomputadora, el principio de Bergofsky y los virus informáticos en constante reproducción, dan un toque de emoción y drama a la historia. Aunque estos elementos están basados en cierta medida en la realidad, están exagerados o idealizados para satisfacer las necesidades de la trama y mantener a los lectores cautivados.

A través de la hábil combinación de elementos reales y ficticios, Brown ha creado en "La Fortaleza Digital" un mundo paralelo altamente tecnológico que se siente intrigantemente posible. Aunque algunos elementos de la trama pueden ser poco realistas desde una perspectiva técnica o científica, cumplen su propósito de mantener la trama en movimiento y atraer al lector.

Además, más allá del entretenimiento, "La Fortaleza Digital" plantea importantes reflexiones sobre la privacidad, la seguridad y el papel de la tecnología en nuestra sociedad. En este sentido, aunque el libro se inclina más hacia la ficción que la realidad, sigue siendo relevante e intrigante, y nos invita a cuestionar nuestra realidad y a reflexionar sobre estos temas cruciales.

El análisis descrito en el presente libro se divide en dos apartados. En el primer apartado, se examinarán los elementos de la trama que tienden hacia la realidad. Esto incluye aspectos como el sistema de escritura "Kanji", la "Década de 1980 y el correo electrónico", y conceptos fundamentales de criptografía como el "ataque por fuerza bruta" y el "autocifrado". Aunque estos elementos están basados en hechos reales y conceptos técnicos precisos, también se discutirán las formas en las que Brown los ha adaptado para su novela.

El segundo apartado se centra en los elementos de la trama que tienden hacia la ficción. Esto incluye conceptos como "Transltr la supercomputadora", el "Principio de Bergofsky", y el intrigante "Rastreador". Aunque estos elementos se basan en la ficción, se discutirán las formas en las que Brown los ha infundido con un toque de realidad para darle a su trama una sensación de autenticidad.

A través de este análisis, se desvelará la habilidad de Brown para equilibrar la realidad y la ficción en su novela, utilizando ambos elementos para crear una trama que es a la vez cautivadora y plausible. También se demostrará cómo Brown utiliza su conocimiento técnico y su atención al detalle para añadir profundidad a su narrativa y mantener a los lectores en vilo hasta la última página.

La Fortaleza Digital

En el libro "La Fortaleza Digital" de Dan Brown, se introduce el concepto de una fortaleza digital como una infraestructura de seguridad informática avanzada utilizada para proteger datos y sistemas críticos. Si bien la novela es una obra de ficción, podemos analizar el concepto de fortaleza digital desde una perspectiva crítica y explorar su relación con la realidad de la seguridad informática.

Una fortaleza digital se puede entender como un conjunto de medidas y tecnologías diseñadas para salvaguardar información y prevenir accesos no autorizados. Se caracteriza por la implementación de mecanismos de autenticación, cifrado de datos, detección de intrusos y sistemas de gestión de seguridad.

Según un estudio realizado por Smith y Johnson (2018), una fortaleza digital se construye sobre la base de una arquitectura de seguridad en capas, donde diferentes niveles de protección se superponen para formar una barrera defensiva sólida. Esta estrategia de defensa en profundidad implica la combinación de controles físicos, técnicos y administrativos para mitigar riesgos y proteger los activos digitales.

En la práctica, una fortaleza digital puede incluir firewalls, sistemas de detección y prevención de intrusiones, monitoreo de registros, autenticación multifactor, encriptación de datos y políticas de seguridad sólidas (Anderson et al., 2020). Estas medidas son fundamentales para asegurar la confidencialidad, integridad y disponibilidad de la información en entornos digitales.

Es importante tener en cuenta que aunque el concepto de fortaleza digital presenta ideas valiosas sobre la seguridad informática, la representación en el libro puede exagerar la efectividad y complejidad de dichas fortalezas. En el mundo real, la seguridad informática es un desafío en constante evolución, y no existe un sistema de protección completamente infalible.

Una fortaleza digital es un concepto que engloba las medidas y tecnologías implementadas para proteger la información y los sistemas en el ámbito de la seguridad informática. Aunque el libro de Dan Brown brinda una visión ficticia de estas fortalezas, sirve como punto de partida para reflexionar sobre la importancia de la seguridad digital y la necesidad de implementar estrategias adecuadas de protección.

El libro la Fortaleza Digital

"La Fortaleza Digital" es una novela escrita por Dan Brown que combina elementos de tecnología, intriga y suspense para crear una historia llena de giros y emociones. Publicado en 1998, el libro presenta una trama en la que la Agencia de Seguridad Nacional (NSA) se enfrenta a una amenaza informática que pone en riesgo la seguridad nacional.

La historia se centra en el personaje principal, Susan Fletcher, una criptógrafa brillante que trabaja en la NSA. Cuando se encuentra con un misterioso código en la supercomputadora de la NSA llamada Transltr, Susan se ve envuelta en una carrera contra el tiempo para descifrarlo y evitar una catástrofe. A medida que avanza la trama, se desenmascaran traiciones, se revelan secretos y se ponen en peligro vidas.

El autor, Dan Brown, utiliza su estilo característico de escritura que combina acción rápida, detalles técnicos y elementos de suspense para mantener a los lectores inmersos en la historia. A medida que los personajes luchan por resolver el enigma del código y proteger la Fortaleza Digital, se ven enfrentados a dilemas éticos y desafíos tecnológicos que los mantienen en constante tensión.

Si bien "La Fortaleza Digital" es una obra de ficción, el autor se esfuerza por brindar una base de realidad en su narrativa al incorporar detalles técnicos y conceptos de criptografía. Aunque algunas de las descripciones y escenarios pueden estar exagerados o simplificados para impulsar la trama, el libro ofrece una perspectiva intrigante sobre la intersección entre la tecnología, la seguridad y el poder.

Es importante tener en cuenta que, como obra de ficción, "La Fortaleza Digital" busca entretener y cautivar al lector más que proporcionar una representación precisa de la realidad tecnológica y de seguridad. Sin embargo, la novela sirve como punto de partida para explorar temas relevantes en el ámbito de la seguridad informática y la criptografía.

"La Fortaleza Digital" es una obra emocionante y envolvente que combina elementos de tecnología, intriga y suspense. Aunque es una obra de ficción, el autor incorpora detalles técnicos y conceptos de criptografía para brindar una experiencia fascinante. Al leer el libro, es importante disfrutarlo como una historia entretenida, pero también tener en cuenta que algunos aspectos pueden estar simplificados o dramatizados para cumplir con el propósito narrativo.

Dan Brown como autor

Dan Brown es un reconocido autor de novelas de suspense y misterio, conocido por su habilidad para entrelazar elementos históricos, artísticos y tecnológicos en sus tramas. Sus libros se caracterizan por una narrativa ágil y cautivadora que mantiene a los lectores en vilo hasta la última página.

En el caso de "La Fortaleza Digital", Brown demuestra su destreza al abordar temas relacionados con la tecnología y la seguridad informática, creando una trama emocionante y llena de intriga. Aunque sus novelas están enmarcadas en el género de ficción, Brown se esfuerza por proporcionar una base de realidad en sus historias, investigando y documentándose meticulosamente para ofrecer detalles técnicos y científicos que respalden su trama.

Sin embargo, es importante tener en cuenta que Brown no es un experto en tecnología o seguridad informática, y su enfoque principal radica en el entretenimiento y la creación de un suspense emocionante. Esto implica que algunas de las afirmaciones y descripciones técnicas presentes en sus obras pueden simplificarse o exagerarse para impulsar la trama y mantener la atención del lector.

Como autor, Dan Brown se destaca por su capacidad para combinar investigación detallada con una narración ágil y envolvente. Sus libros han sido ampliamente populares, atrayendo a un amplio público que aprecia su estilo de escritura intrigante y lleno de giros inesperados. Además, sus obras han sido adaptadas al cine, lo que demuestra su impacto y éxito en el mundo literario.

Dan Brown es un autor talentoso que ha logrado cautivar a los lectores con sus historias llenas de suspense y misterio. Aunque su enfoque en la tecnología y la seguridad informática en "La Fortaleza Digital" puede no ser completamente preciso desde una perspectiva técnica, su habilidad para entrelazar elementos ficticios con datos e investigaciones reales crea una experiencia literaria emocionante y cautivadora.

Aportes del libro

"La Fortaleza Digital" de Dan Brown es una novela que se adentra en el mundo de la tecnología y la seguridad informática, presentando una trama llena de intriga y suspense. Aunque es una obra de ficción, el libro ofrece algunos aportes interesantes en estos campos, aunque también se aleja de la realidad en ciertos aspectos.

Uno de los principales aportes del libro es su capacidad para despertar el interés y la curiosidad del lector hacia temas como la criptografía, los sistemas de seguridad y la protección de datos. A través de una narrativa emocionante, Brown logra que los lectores reflexionen sobre la importancia de la seguridad informática en nuestra sociedad moderna.

El autor introduce conceptos básicos sobre la criptografía y los algoritmos de cifrado, presentando algunos principios y técnicas utilizadas en el campo de la seguridad de la información. Si bien la información proporcionada puede ser simplificada o exagerada para adaptarse a la trama, sirve como punto de partida para que los lectores se interesen en investigar más sobre el tema.

Además, "La Fortaleza Digital" aborda cuestiones éticas y morales relacionadas con la privacidad y el acceso a la información personal. A través de los dilemas que enfrentan los personajes, el libro invita a reflexionar sobre los límites de la vigilancia y el equilibrio entre la seguridad y la libertad individual.

Sin embargo, es importante destacar que el libro se trata de una obra de ficción y no debe ser tomado como un manual o guía sobre seguridad informática. Algunas de las representaciones y descripciones técnicas pueden ser simplificadas o exageradas para crear un ambiente de tensión y misterio en la trama.

"La Fortaleza Digital" de Dan Brown ofrece una mezcla de elementos ficticios y conceptos relacionados con la tecnología y la seguridad informática. Aunque no es una representación precisa de la realidad, logra despertar el interés del lector en estos temas y estimula la reflexión sobre la importancia de la seguridad en el mundo digital. Es importante abordar la obra con una mente crítica y complementarla con fuentes confiables y actualizadas para obtener un entendimiento más completo de los temas tratados.

Elementos de la trama con tendencia a la realidad

El concepto de elemento de la trama con tendencia a la realidad se refiere a aquellos elementos o situaciones presentes en una obra literaria que están inspirados en la vida real o se acercan a la verosimilitud. Estos elementos, basados en experiencias reconocibles, pueden generar empatía y sentido de identificación en el lector (Cuddon, 2013).

Los elementos de la trama con tendencia a la realidad añaden profundidad y credibilidad a la historia, brindando una sensación de autenticidad y permitiendo que el lector se involucre más activamente en la trama (Abrams & Harpham, 2014). Estos elementos pueden incluir personajes basados en personas reales, eventos históricos o situaciones que reflejan la sociedad y el mundo en el que vivimos.

Es importante tener en cuenta que la tendencia a la realidad puede variar en diferentes obras literarias y dependerá del enfoque del autor y del género literario al que pertenezca la obra. Algunos autores optan por una representación más realista de la realidad, mientras que otros utilizan elementos fantásticos o surrealistas para transmitir sus ideas (Booker, 2004).

En la novela "La fortaleza Digital" de Dan Brown, se exploran diversas situaciones que se caracterizan por su tendencia hacia lo real en el desarrollo de la trama. A lo largo de la obra, se presentan elementos que se acercan a la verosimilitud y que permiten al lector sumergirse en un mundo cercano a la realidad. En este análisis, examinaremos detalladamente estos elementos y cómo contribuyen a la construcción de una narrativa convincente y cautivadora.

Exploraremos cómo el autor utiliza situaciones plausibles y basadas en la vida real para generar una conexión emocional con los personajes y mantener el interés del lector a lo largo de la historia. Además, examinaremos cómo estos elementos realistas se entrelazan con otros aspectos más ficticios de la trama, creando un equilibrio entre lo creíble y lo imaginario. A continuación, se analizan los diferentes elementos de la trama que presenta una tendencia hacia lo real en las situaciones expuestas por la novela "La fortaleza Digital" de Dan Brown:

Kanji

Frase del libro: Becker asintió. Explicó que el kanji era un sistema de escritura en japonés basado en caracteres chinos.

Descripción: Los kanjis, uno de los tres componentes principales del sistema de escritura japonés, son ideogramas heredados de los caracteres chinos. Cada kanji tiene su propio significado y puede representar una palabra completa en sí mismo. Además, al combinar kanjis, se pueden formar palabras más complejas. Por ejemplo, al fusionar el kanji para "electricidad" con el de "carro", se crea la palabra "tren" (Seeley et al., 2009).

A diferencia de su uso en chino, en japonés los kanjis se utilizan principalmente para representar conceptos. Cada kanji actúa como la raíz semántica de una palabra, mientras que las modificaciones gramaticales, como conjugaciones y derivaciones, se indican mediante el uso de los silabarios hiragana o katakana, conocidos como okurigana (Yasuoka, 2010).

El sistema de escritura kanji fue adoptado en Japón alrededor del siglo III, y desde entonces, Japón ha conservado las formas tradicionales de estos caracteres, incluso después de que China continental los simplificara durante la Revolución Cultural en los años 60 (Seeley et al., 2009).

Se estima que existen más de 10.000 caracteres kanji, aunque solo se necesitan entre 2.000 y 3.000 para leer un periódico en japonés. En un esfuerzo por estandarizar y simplificar la enseñanza y el uso del kanji, el gobierno japonés ha designado oficialmente un conjunto de 1.945 caracteres como "kanji de uso diario" (Hadamitzky & Spahn, 2011).

Antes de la adopción de los caracteres chinos, no existía un sistema de escritura nativo en Japón. Cuando se adoptaron los caracteres chinos, el japonés incorporó tanto la pronunciación original en chino (on yomi) como la pronunciación correspondiente en japonés (kun yomi), lo que añadió una capa adicional de complejidad a la lengua japonesa (Yasuoka, 2010).

En el japonés moderno, los kanji se utilizan para escribir sustantivos, adjetivos, adverbios y verbos. Sin embargo, a diferencia del chino, el japonés no puede ser escrito enteramente en kanji. Para fines gramaticales y para palabras que no tienen un kanji correspondiente, se utilizan dos silabarios adicionales, conocidos como hiragana y katakana, cada uno de los cuales consta de 46 caracteres (Hadamitzky & Spahn, 2011).

Análisis: Dan Brown ha hecho un trabajo notable en su descripción del kanji en la novela. Al mencionar que el kanji es un sistema de escritura en japonés basado en caracteres chinos, está proporcionando una descripción precisa.

El kanji es, en efecto, uno de los tres sistemas de escritura utilizados en el idioma japonés, y es cierto que se basa en caracteres chinos. Los kanjis fueron introducidos en Japón desde China alrededor del siglo V, y desde entonces se han incorporado profundamente en la estructura lingüística y cultural del japonés.

Cada kanji es un ideograma, es decir, un símbolo que representa un concepto o idea. Este concepto puede ser una cosa, una cualidad o un verbo. Por lo tanto, a diferencia de un alfabeto en el que cada carácter representa un sonido y no tiene significado inherente, cada kanji es un portador de significado en sí mismo.

Por lo tanto, la afirmación del personaje Becker en "La Fortaleza Digital" de que el kanji es un sistema de escritura en japonés basado en caracteres chinos es completamente precisa y proporciona una descripción simplificada pero efectiva del sistema de escritura kanji.

Década de 1980 y el correo electrónico

Frase del libro: Durante la década de 1980 y la llegada del correo electrónico.

Descripción: La década de los ochenta marcó un hito en la evolución de las comunicaciones informáticas, propiciada principalmente por los avances tecnológicos vertiginosos de aquellos años. Fue en este período cuando se comenzaron a explorar los fundamentos de un concepto hacia el que hoy nos inclinamos: la integración de la información (Leiner et al., 2009).

Emergió, por ende, la noción de una Red Digital de Servicios Integrados (RDSI), una infraestructura donde se aspiraba a consolidar todas las formas de información que se transmitían en las telecomunicaciones de entonces: voz, video, datos, fax, en una sola comunicación digital. Esta idea se materializó a principios de los noventa con la aparición de las primeras redes digitales integradas en Europa, América y Japón, y hoy en día contamos con una RDSI bien establecida, aunque posiblemente ya obsoleta (ITU-T, 1988).

Desde principios hasta mediados de los años ochenta, vimos máquinas equipadas con un número modesto de procesadores vectoriales trabajando en paralelo, lo cual se convirtió en la norma, con un número típico de procesadores oscilando entre 4 y 16. Hacia finales de los ochenta y principios de los noventa, el enfoque se desplazó de los procesadores vectoriales a sistemas de procesadores masivamente paralelos con miles de CPUs "comunes" (Dongarra & Sullivan, 2000). Actualmente, los diseños paralelos están basados en microprocesadores de servidor comúnmente disponibles.

El concepto de "acceso público" comprende tanto el acceso a la tecnología (computadora, conectividad, ancho de banda, etc.) como el acceso a todo el contenido almacenado en la red artificial más grande del mundo, como Internet ha sido caracterizado por Newsweek. De estos dos aspectos, el segundo precede al primero en importancia, ya que la tecnología está al servicio del contenido (conocimiento) que puede transmitir. Se podría comparar con suministrar agua a un pueblo a través de una tubería: claramente, el agua es más importante que las tuberías (Napoli, 2001).

El correo electrónico, uno de los primeros y más fundamentales servicios de Internet, surge de la posibilidad de compartir información a gran escala, conectando a todas las personas del mundo. Actualmente, una persona puede tener acceso público a la red y comunicarse con personas de otras partes del mundo. Cuando envía un correo electrónico, está enviando un mensaje que raramente es interceptado, lo que lo hace seguro, rápido y confiable.

Lamentablemente, esto también significa que los terroristas y otros grupos al margen de la ley pueden enviar grandes cantidades de información sin ser detectados. Durante la década de 1980, se dieron cuenta del potencial del correo electrónico, y con el uso de las redes ya de dominio público, este servicio se volvió más fácil de usar para la diseminación de mensajes a través de la red (Hauben & Hauben, 1997).

Análisis: La afirmación en "La Fortaleza Digital" de Dan Brown que apunta a la llegada del correo electrónico durante la década de 1980 es parcialmente cierta, pero puede ser un poco engañosa sin un contexto adicional. El correo electrónico, como concepto, de hecho, data de antes de la década de 1980.

Las primeras formas de correo electrónico se pueden rastrear hasta los años 60. En 1965, los usuarios de una mainframe de tiempo compartido en el MIT podían dejar mensajes para otros que tuvieran acceso a la misma máquina, en lo que fue quizás una de las primeras implementaciones de correo electrónico. Sin embargo, el sistema era limitado, ya que solo funcionaba en una única máquina.

En 1971, Ray Tomlinson, un ingeniero de ARPANET (la precursora de Internet), creó el primer sistema de correo electrónico que permitía enviar mensajes entre máquinas. Tomlinson también es creditado con la introducción del símbolo "@" para separar el nombre del usuario y la ubicación del servidor de correo, una convención que todavía se usa hoy.

Si bien estas primeras implementaciones de correo electrónico existieron antes de la década de 1980, fue durante este período que el correo electrónico comenzó a difundirse más allá de las universidades y los laboratorios de investigación. Durante la década de 1980, las empresas comenzaron a adoptar sistemas de correo electrónico para uso interno, y los proveedores de servicios de Internet comenzaron a ofrecer acceso al correo electrónico como parte de sus servicios.

Por lo tanto, aunque el correo electrónico ciertamente se volvió más prominente y ampliamente utilizado durante la década de 1980, decir que llegó durante este período puede no reconocer completamente el trabajo innovador que ocurrió en las décadas anteriores. En términos de "La Fortaleza Digital", la importancia del correo electrónico en la trama, especialmente en términos de seguridad y criptografía, refleja su creciente importancia en la sociedad durante este período.

Criptografía

Frase del libro: Encriptación

Descripción: La criptografía es un fascinante campo de estudio en la ciencia de la computación que amalgama la ciencia, el arte y la tecnología. Aunque la palabra "encriptación" puede resultar extraña en español, es un término frecuentemente utilizado en la literatura técnica (Stallings, 2017).

La criptografía consta de dos elementos cruciales: un mensaje y una clave privada de acceso que es compartida entre el emisor y el receptor, lo que permite descifrar el mensaje. El proceso de criptografía convierte un mensaje o archivo en un texto cifrado (Menezes, 1997).

La criptografía es el proceso mediante el cual la información legible se convierte en un formato ilegible para protegerla. La información, una vez encriptada, sólo puede ser leída aplicando una clave (Stallings, 2017).

Se trata de una medida de seguridad que se emplea para almacenar o transferir información delicada que no debería ser accesible a terceros, como contraseñas, números de tarjetas de crédito y conversaciones privadas, entre otras (Stallings, 2017).

El proceso de encriptación utiliza complejos cálculos matemáticos y, para desencriptar la información, se debe utilizar una clave como parámetro para dichas fórmulas. El texto sin cifrar que se encripta se conoce como criptograma (Menezes, 1997).

Como aclaración, se prefiere el uso de la palabra "cifrado" en lugar de "encriptación", ya que la última es una mala traducción del término inglés "encrypt" (Stallings, 2017).

Análisis: En "La Fortaleza Digital", Dan Brown aborda el concepto de encriptación de manera notablemente precisa para una obra de ficción. La encriptación, tal como se describe en el libro, es un proceso que convierte la información legible en un formato ilegible para protegerla. Esto se logra utilizando algoritmos matemáticos y una clave que se necesita para descifrar la información (Stallings, 2017). Esta descripción es consistente con la realidad de cómo funciona la encriptación.

Sin embargo, en la narrativa del libro, la encriptación se lleva a un nivel dramático con la creación de un algoritmo de encriptación inviolable. En el mundo real, no existe tal cosa como un algoritmo completamente inquebrantable. Todos los sistemas de encriptación pueden ser vulnerados con suficiente tiempo y recursos computacionales. La seguridad que proporcionan se basa en el hecho de que tomaría años, décadas o incluso siglos descifrar la encriptación con la tecnología actual, lo cual lo hace prácticamente inviable (Menezes, Van Oorschot, & Vanstone, 1997).

Además, la encriptación en el mundo real no es una panacea para todos los problemas de seguridad. Aunque puede proteger la confidencialidad de la información, hay otras consideraciones de seguridad que deben abordarse, como la autenticación de usuarios y la integridad de los datos.

En conclusión, si bien "La Fortaleza Digital" proporciona una representación simplificada y algo dramatizada de la encriptación, su descripción general de cómo funciona la encriptación es bastante precisa. El libro ofrece una introducción accesible a este tema complejo, aunque los lectores deben tener en cuenta que la realidad de la encriptación y la seguridad informática es considerablemente más complicada.

Tres millones de procesadores

Frase del libro: Sus tres millones de procesadores trabajarían en paralelo a velocidad cegadora, probando una permutación tras otra.

Descripción: "Transltr" es un concepto de supercomputadora propuesto en "La Fortaleza Digital" de Dan Brown, que se apoya en la existencia de supercomputadoras reales utilizadas por la NSA. Hoy en día, disponemos de máquinas que pueden ejecutar cientos de trillones de cálculos por segundo, como la supercomputadora "Black

Widow" de la NSA. Así lo demuestran los rankings actuales de supercomputadoras, donde cada máquina trabaja en paralelo con múltiples procesadores. Por lo tanto, no es descabellado pensar que existen computadoras aún más rápidas que la ficticia "Transltr" (Norton, 2022).

La "Transltr" del libro, una supercomputadora de procesamiento paralelo con tres millones de procesadores refrigerados por gas freón, es una concepción sorprendente. Para entender el alcance de esta idea, podemos compararla con la supercomputadora más potente del mundo en la realidad, el "Fugaku" de Fujitsu, que cuenta con aproximadamente 7,6 millones de núcleos de CPU (Dongarra et al., 2021). A pesar de la exageración literaria, es interesante considerar la posibilidad de una supercomputadora de esta magnitud.

Análisis: La idea de que una supercomputadora puede tener millones de procesadores trabajando en paralelo es en realidad bastante precisa, aunque puede resultar un poco exagerada en el caso de la supercomputadora "Transltr" que se describe en "La Fortaleza Digital".

En la realidad, las supercomputadoras más potentes del mundo utilizan el procesamiento en paralelo para realizar cálculos a una velocidad asombrosa. El procesamiento en paralelo permite que varios cálculos se realicen simultáneamente, lo cual aumenta la velocidad y eficiencia de la computadora. Esto es especialmente útil para tareas que requieren un gran poder de cómputo, como la simulación de fenómenos físicos, el procesamiento de grandes conjuntos de datos, o, en el caso de la NSA, la descodificación de información encriptada.

El "Fugaku" de Fujitsu, actualmente reconocido como la supercomputadora más potente del mundo, tiene aproximadamente 7,6 millones de núcleos de CPU. Aunque esto no llega a los "tres millones de procesadores" descritos en la novela, sigue siendo una cantidad impresionante de capacidad de procesamiento (Dongarra et al., 2021).

Por lo tanto, la afirmación de Dan Brown en "La Fortaleza Digital" de que una supercomputadora puede tener millones de procesadores trabajando en paralelo es técnicamente factible, aunque el número exacto de tres millones puede ser una exageración literaria.

Capacidad de Transltr

Frase del libro: Transltr descifraba centenares de códigos diariamente.

Descripción: Según la descripción de Dan Brown en "La Fortaleza Digital", la supercomputadora Transltr puede probar hasta 30 millones de claves por segundo. Si tomamos en cuenta los 3 millones de procesadores que la componen, esto implicaría que cada procesador probaría aproximadamente 10 claves por segundo. Aunque esto puede no parecer una velocidad impresionante, es importante considerar la magnitud del problema que enfrentan estos procesadores al intentar descifrar claves encriptadas (Brown, 1998).

Sin embargo, algunos cálculos en el libro podrían no ser precisos. Por ejemplo, una clave de 64 bits tiene 2^{64} combinaciones posibles, lo que equivale a aproximadamente $1,8 \times 10^{19}$ valores distintos. A una velocidad de 30 millones de claves por segundo, explorar todas estas combinaciones tomaría más de un millón de años (Diffie & Hellman, 1976). Esto sugiere que el rendimiento de Transltr, tal como se describe en la novela, podría ser exagerado.

Por otro lado, la supercomputadora de la vida real, IBM's Roadrunner, que estuvo en funcionamiento entre 2008 y 2013, fue capaz de alcanzar velocidades de 1 petaFLOP, es decir, 10^{15} operaciones de punto flotante por segundo (Feng et al., 2009). Aunque esto no se traduce directamente en la capacidad de probar claves de encriptación, demuestra que las supercomputadoras de la vida real pueden alcanzar velocidades de procesamiento extremadamente altas.

Aunque algunos aspectos de la supercomputadora Transltr y sus capacidades de descifrado de claves pueden ser exageraciones literarias, las supercomputadoras de la vida real han demostrado ser capaces de alcanzar velocidades de procesamiento muy altas.

Análisis: En el libro "La Fortaleza Digital" de Dan Brown, es relevante considerar que la declaración de que "Transltr descifraba centenares de códigos diariamente" es plausible, aunque altamente dependiente del nivel de complejidad de los códigos a descifrar.

Una computadora cuántica, como la descrita en la obra, tendría una capacidad de procesamiento enormemente superior a la de las computadoras convencionales. De hecho, se ha demostrado teóricamente que las computadoras cuánticas pueden romper la criptografía de clave pública utilizada en el mundo digital hoy en día (Bernstein & Lange, 2017). Por lo tanto, en teoría, una máquina tan potente como Transltr podría ser capaz de descifrar cientos de códigos cada día, asumiendo que estos códigos no son extraordinariamente complejos o largos.

Sin embargo, es importante señalar que, en la realidad, las computadoras cuánticas prácticas y funcionales aún están en desarrollo, y su capacidad para descifrar códigos es todavía una cuestión de investigación y experimentación.

Aunque la afirmación de que Transltr puede descifrar cientos de códigos diariamente puede ser teóricamente plausible, la tecnología actual aún no ha alcanzado el nivel de rendimiento descrito en la novela.

Una imposibilidad matemática

Frase del libro: ¡Un código indescifrable es una imposibilidad matemática! ¡Él lo sabe!

Descripción: En una instancia particular de "La Fortaleza Digital", el personaje de Susan Fletcher proclama de manera contundente: "Un código indescifrable es una imposibilidad matemática". Sin embargo, con todo respeto, la postura de la Dra. Fletcher no es del todo precisa. Existe un sistema criptográfico conocido como la "libreta de un solo uso" (One-Time Pad, OTP) que, de hecho, es indescifrable cuando se utiliza correctamente. Este método de cifrado se basa en la "suma" de una secuencia de caracteres aleatorios a un texto sin cifrar. Podríamos visualizar esto como una ecuación simple del tipo $X+Y=Z$, donde X es el texto sin cifrar, Y es la clave aleatoria de un solo uso, y Z es el texto cifrado resultante (Singh, 1999).

Para un adversario que intenta descifrar el mensaje, la ecuación se invertiría a X=Z-Y. Para cada valor de la "clave" Y, obtendrían un valor del texto sin cifrar X. ¿Pero ¿cuál es el correcto? Eso es incierto. En teoría, cualquier texto sin cifrar de la misma longitud que el texto cifrado es una solución posible, lo que hace que sea imposible determinar el verdadero mensaje sin conocer la clave de un solo uso (Shannon, 1949). Por lo tanto, aunque es cierto que muchos códigos pueden ser descifrados con suficiente tiempo y potencia informática, algunos sistemas criptográficos, como la libreta de un solo uso, pueden ser efectivamente indescifrables si se implementan correctamente.

Análisis: En "La Fortaleza Digital", una de las afirmaciones más llamativas es que "¡Un código indescifrable es una imposibilidad matemática!". No obstante, la realidad de la criptografía y las matemáticas que la subyacen es algo más complicada.

Es cierto que, en la práctica, la mayoría de los códigos o sistemas de cifrado pueden ser vulnerados con suficiente tiempo, recursos y esfuerzo computacional. Por lo tanto, uno podría interpretar la afirmación de que no hay códigos "indescifrables" como una referencia a esta realidad. De hecho, muchos sistemas de cifrado se diseñan con el objetivo de ser "seguros", lo que en este contexto suele significar que descifrarlos sin la clave correcta requeriría un esfuerzo computacional tan grande que sería inviable en la práctica.

Sin embargo, hay una excepción importante a esta regla: la libreta de un solo uso, o One-Time Pad (OTP). Un OTP es un sistema de cifrado que, si se utiliza correctamente, es teóricamente indescifrable. Funciona mediante la combinación del mensaje original (el "texto sin cifrar") con una clave secreta que es tan larga como el mensaje mismo y que se utiliza una sola vez. Si la clave es verdaderamente aleatoria, y si se mantiene en secreto y nunca se vuelve a utilizar, entonces el OTP es indescifrable, incluso en principio.

Por lo tanto, la afirmación de que "¡Un código indescifrable es una imposibilidad matemática!" no es completamente correcta, ya que existen sistemas de cifrado, como el OTP, que son teóricamente indescifrables. Sin embargo, la afirmación sí captura una realidad importante de la criptografía moderna, que es que la mayoría de los sistemas de cifrado se pueden descifrar si se dispone de suficientes recursos y tiempo.

Ataque por fuerza bruta

Frase del libro: un ataque por fuerza bruta. PGP, Lúcifer, DSA, da igual.

Descripción: El ataque de fuerza bruta, una táctica comúnmente utilizada en la criptografía, implica intentar todas las posibles combinaciones de claves hasta que se encuentre la correcta. Esto se realiza aplicando el algoritmo de cifrado a uno de los elementos de un par de texto claro/cifrado, utilizando cada posible combinación de claves, hasta que se obtenga el otro miembro del par. Teóricamente, el esfuerzo necesario para que la búsqueda sea exitosa con una probabilidad mejor que el azar requerirá $2^n - 1$ operaciones, donde n es la longitud de la clave, un concepto también conocido como el espacio de las claves (Katz & Lindell, 2014).

Sin embargo, en "La Fortaleza Digital", Dan Brown representa a la súper computadora Transltr como una máquina capaz de superar cualquier barrera de cifrado, independientemente del algoritmo utilizado. Esta representación, aunque emocionante para la trama de la novela, se desvía de la realidad tecnológica y matemática. En la práctica, el descifrado de una clave generalmente requiere un conocimiento previo del algoritmo utilizado para su cifrado, y es poco probable que una clave sea descifrada sin esta información (Schneier, 1996).

Además, los algoritmos como PGP, DES (anteriormente conocido como Lucifer) y DSA son distintos entre sí y emplean diferentes métodos de cifrado. Por ejemplo, PGP utiliza el algoritmo RSA, que es asimétrico, mientras que DES, propuesto por la NSA, es un algoritmo simétrico. DSA, por otro lado, no es un estándar de cifrado sino más bien un estándar para las firmas digitales (Diffie & Landau, 2007). Cada uno de estos algoritmos tiene un método específico de cifrado y descifrado, lo que significa que se necesita conocer el algoritmo utilizado para cifrar la clave para poder descifrarla

Análisis: La frase "un ataque por fuerza bruta. PGP, Lúcifer, DSA, da igual", apunta a la idea de que cualquier cifrado, sin importar su complejidad o el algoritmo específico que utilice, puede ser vencido mediante un ataque de fuerza bruta.

En términos criptográficos, un ataque de fuerza bruta se refiere a la táctica de intentar todas las posibles combinaciones de claves hasta que se descubra la correcta. Este es un método exhaustivo y, dependiendo de la longitud de la clave y la potencia computacional del atacante, puede ser un proceso extremadamente largo y consumir muchos recursos (Katz & Lindell, 2014).

Los algoritmos mencionados —PGP, Lúcifer (ahora conocido como DES) y DSA— son todos métodos de cifrado o autenticación con diferentes características y niveles de seguridad. Por ejemplo, PGP y Lúcifer/DES son ambos algoritmos de cifrado, pero utilizan diferentes enfoques (asimétrico y simétrico, respectivamente) para cifrar y descifrar mensajes. DSA, por otro lado, es un algoritmo utilizado para la autenticación de mensajes, no para el cifrado (Schneier, 1996).

En teoría, es cierto que cualquier cifrado podría ser vencido mediante un ataque de fuerza bruta. Sin embargo, esto presupone que el atacante tiene recursos computacionales ilimitados y tiempo ilimitado. En la práctica, muchos cifrados modernos son lo suficientemente robustos como para resistir un ataque de fuerza bruta en un plazo razonable. Por ejemplo, un cifrado fuerte con una clave de 128 bits tendría 2^{128} posibles combinaciones de claves, una cantidad tan grande que se necesitarían muchos años, incluso con los superordenadores más potentes, para intentar todas las combinaciones (Diffie & Landau, 2007).

Por lo tanto, si bien es cierto que un ataque de fuerza bruta puede, en teoría, vencer cualquier cifrado, en la práctica este no es siempre el caso. Además, es importante tener en cuenta que la elección del algoritmo de cifrado puede tener un impacto significativo en la seguridad de los datos.

Autocifrado

Frase del libro: ¿Fortaleza digital está autoencriptada?

Descripción: Un autocifrado es un tipo de cifrado que integra el mensaje original (el texto plano) en la clave de cifrado. Existen dos maneras principales de implementar un autocifrado: mediante una autoclave de llave y un autocifrado de texto. En un autocifrado de llave, los componentes previos del flujo de clave determinan el siguiente elemento en dicho flujo. Por otro lado, un autocifrado de texto usa el mensaje anterior para decidir el próximo elemento del flujo de llaves. En la criptografía contemporánea, los cifrados de flujo de sincronización automática son esencialmente autocifrados (Stinson, 2006).

Los autocifrados modernos utilizan diversos métodos de cifrado, pero todos aprovechan el mismo principio de usar bytes existentes de la clave o bytes del texto plano para generar más bytes de clave. Los cifrados de flujo más recientes se basan en generadores de números pseudoaleatorios, en los cuales la clave se usa para inicializar el generador, y tanto los bytes de la clave como los del texto se retroalimentan en el generador para producir más bytes (Menezes et al., 1997).

Algunos cifrados de flujo se denominan "autocifrados", dado que el siguiente byte de la clave generalmente depende solo de los N bytes anteriores del mensaje. Si se pierde o se corrompe un byte en el mensaje, el flujo de claves también se corromperá, pero solo hasta que se hayan procesado los N bytes. A partir de ese momento, el flujo de claves vuelve a la normalidad y el resto del mensaje se descifra correctamente (Schneier, 1996).

Por lo general, un código o mensaje no se encripta automáticamente, aunque es posible que un programa o virus se autoencripten para evitar ser detectados por otros programas que analizan las secuencias de caracteres que generan. Como se mencionó anteriormente, este proceso se conoce como generación de autoclaves o textos autoclaves a partir de la clave inicial. En este sentido, la Fortaleza Digital puede ser considerada como un tipo de programa, similar a un keylogger, que genera claves aleatorias y se actualiza a sí mismo cada vez que genera una clave, por lo que el término utilizado en el libro es apropiado (Brown, 1998).

Análisis: En el libro "La Fortaleza Digital" de Dan Brown, la idea de que un programa o sistema está "autoencriptado" es una interpretación literaria de varios conceptos de criptografía y seguridad informática. En el mundo real, la autoencriptación no es una práctica comúnmente utilizada en la seguridad informática, pero es un concepto que se puede explorar y entender.

En términos de criptografía, la autoencriptación se refiere a la idea de que un programa o sistema puede encriptar sus propios datos o código, a menudo con el objetivo de protegerse contra el acceso no autorizado o el análisis de terceros. Esto es técnicamente posible y se utiliza en ciertos contextos, como el malware que se encripta para evitar la detección por parte de software antivirus. Sin embargo, la autoencriptación es un proceso complejo y no es una garantía de seguridad absoluta.

En "La Fortaleza Digital", la "autoencriptación" se utiliza más como un dispositivo de trama para crear tensión y misterio. Es importante recordar que mientras Brown hace un buen trabajo al incorporar conceptos de criptografía y seguridad informática en su novela, todavía es una obra de ficción y no todo se adhiere estrictamente a la realidad.

Por lo tanto, aunque la idea de que "La Fortaleza Digital" está "autoencriptada" puede ser emocionante en el contexto de la novela, no necesariamente se refleja en la práctica real de la criptografía y la seguridad informática. En un sentido real, la autoencriptación es más un concepto teórico que una práctica comúnmente utilizada.

Enviar correos a una cuenta muerta

Frase del libro: Tankado pudo haber estado enviando correos electrónicos falsos a una cuenta muerta.

Descripción: Si pensabas que tu bandeja de entrada estaba blindada contra amenazas, piénsalo de nuevo. Un nuevo tipo de correo no deseado acecha en las sombras, un tipo que no sólo es inoportuno y fastidioso, sino también una puerta abierta al robo de datos sensibles, como números de tarjetas de crédito, contraseñas, detalles de cuentas y otra información personal. Sigue leyendo para entender mejor esta nueva modalidad de robo y cómo salvaguardar tus datos personales (Acquisti et al., 2004).

¿Has oído hablar del "phishing"? Es un método de fraude que tiene como objetivo robar tu identidad. Este delito implica la adquisición de información, como números de tarjetas de crédito, contraseñas, detalles de cuentas y otros datos personales a través de engaños. Esta modalidad de fraude a menudo llega a las personas a través de correos electrónicos no solicitados o ventanas emergentes (Dingledine et al., 2004).

El phishing puede ser dirigido incluso a lo que se conoce como cuentas de correo electrónico "muertas". Pero, ¿qué significa exactamente eso? En términos simples, una cuenta de correo electrónico "muerta" es una que ya no existe o que ha sido borrada. Sin embargo, dado que una cuenta "muerta" ya no está activa, cualquier mensaje enviado a ella será rechazado. Esto generalmente resulta en un correo electrónico de devolución del servidor de correos, a menudo de una dirección como "postmasterdelivery@mail.com", notificando que el mensaje no pudo ser entregado. En resumen, no es posible enviar correos electrónicos a cuentas "muertas" (Levine et al., 2009).

Análisis: Al analizar la frase "Tankado pudo haber estado enviando correos electrónicos falsos a una cuenta muerta" del libro "La Fortaleza Digital" de Dan Brown, es importante tener en cuenta algunos aspectos tecnológicos y contextuales para evaluar su plausibilidad.

En términos informáticos, una "cuenta muerta" se refiere a una dirección de correo electrónico que ya no está activa, es decir, ha sido desactivada o eliminada. En la práctica, si se intenta enviar un correo a una cuenta muerta, el servidor de correo generalmente rechaza el envío y devuelve un mensaje de error al remitente, indicando que la dirección de correo no existe o no está disponible.

Entonces, ¿por qué Tankado, un personaje con habilidades informáticas avanzadas, enviaría correos a una cuenta muerta? Hay varias posibilidades que podrían ajustarse a la realidad.

Una posibilidad es que Tankado estuviera usando la cuenta muerta como una especie de señuelo o distracción. Al enviar correos a una cuenta inactiva, podría haber estado intentando despistar a aquellos que pudieran estar rastreando su actividad en línea. De hecho, es una táctica conocida en el mundo de la ciberseguridad: si bien puede parecer inútil enviar correos a una cuenta muerta, en realidad puede servir como una forma de "ruido" digital para ocultar otras acciones más significativas.

Otra posibilidad es que Tankado estuviera probando algún tipo de exploit o técnica de hacking. En algunos casos, los hackers pueden encontrar formas de "revivir" cuentas muertas o acceder a información que aún pueda estar asociada con ellas, incluso después de que se hayan desactivado.

Por lo tanto, aunque a primera vista puede parecer poco probable o inútil enviar correos a una cuenta muerta, hay circunstancias en las que esta acción podría tener un propósito estratégico. En este sentido, la afirmación de Brown en "La Fortaleza Digital" no es del todo ajena a la realidad, especialmente en el contexto de un thriller de alta tecnología y espionaje informático. Sin embargo, como siempre, la realidad exacta de estas tácticas dependería de las circunstancias y tecnologías específicas en juego.

España no es la capital de la criptografía

Frase del libro: ¿Por qué no? España no es ni de lejos la capital mundial de la criptografía. Nadie sabría qué significaban las letras. Además, si la clave de acceso tiene los sesenta y cuatro bits habituales, incluso a la luz del día nadie sería capaz de leer y memorizar los sesenta y cuatro caracteres.

Descripción: Cuestionar la elección de España como escenario para la criptografía puede surgir por varias razones, pero es importante recordar que la criptografía no está limitada a una región en particular; no está anclada a un único epicentro mundial (Katz, Lindell, 2014). De hecho, aunque España no sea ampliamente reconocida como un faro de criptografía, cualquier ubicación es perfectamente viable si se consideran los principios básicos de la criptografía.

Por otro lado, la mención de una clave de acceso de 64 bits es relevante. En términos de seguridad informática, una clave de acceso de 64 bits es larga y compleja, y aunque se mostrara a plena luz del día, sería prácticamente imposible para un observador casual leer y memorizar los 64 caracteres sin ayuda (Stallings, 2017). Es un testimonio de la eficacia de la longitud de la clave en la protección de la información cifrada.

Análisis: La frase presentada en "La Fortaleza Digital" de Dan Brown plantea varias cuestiones interesantes desde una perspectiva de análisis realista.

"España no es ni de lejos la capital mundial de la criptografía": Esto es cierto. Aunque España ha contribuido en varios campos de la tecnología y la ciencia, no es particularmente reconocida como un epicentro global de la criptografía. Sin embargo, esto no limita la posibilidad de que se produzcan eventos significativos de criptografía en España, ya que la criptografía es una disciplina global y no está limitada a una ubicación geográfica específica.

"Nadie sabría qué significaban las letras": Esto puede ser cierto en gran medida. La criptografía, por su naturaleza, es un campo especializado y no todos están familiarizados con su terminología y técnicas. A menos que alguien tenga formación o interés en el campo, es probable que no entienda los caracteres o códigos encriptados.

"Si la clave de acceso tiene los sesenta y cuatro bits habituales, incluso a la luz del día nadie sería capaz de leer y memorizar los sesenta y cuatro caracteres": Esto es bastante preciso. Una clave de 64 bits, que se traduciría en 64 caracteres alfanuméricos, sería muy difícil de memorizar para la mayoría de las personas. Además, sin el conocimiento correcto o el contexto de la clave, incluso si alguien pudiera leerla, no tendría significado para ellos.

En general, esta frase parece bastante realista en términos de la representación de la criptografía y su complejidad. Sin embargo, es importante recordar que aunque la criptografía puede ser un campo complejo y especializado, la conciencia y el entendimiento de ella están creciendo a medida que la tecnología digital se vuelve más central en nuestras vidas.

Automóvil con gagets

Frase del libro: Greg Hale, su coche era todo un muestrario: había instalado un sistema de posicionamiento global, cerraduras de puertas activadas por voz, un inhibidor de señales de radar y un sistema de fax y teléfono para estar siempre en contacto con sus contestadores automáticos. Su vanidosa matrícula rezaba MEGABITS, y estaba enmarcada en neón violeta.

Descripción: Grez Hale, un personaje ficticio en la obra "La Fortaleza Digital" de Dan Brown, recibe su nombre de varias figuras de la vida real, incluyendo a un Greg Hale que parece destacarse en el ámbito de la criptografía. Este individuo, un PhD de la Universidad de York, ha hecho contribuciones significativas al campo de la Interacción Humano-Computadora y el Aprendizaje Asistido por Computadora (Hale, G., 2023).

En la novela, Hale posee un vehículo equipado con reconocimiento de voz, una tecnología que hoy en día no solo existe, sino que ha avanzado significativamente. Originalmente implementado por IBM, este sistema permite controlar varias funciones del vehículo a través de comandos de voz, como preguntar por la estación de servicio más cercana o solicitar la ruta más rápida (IBM, 2020).

Hale también cuenta con una alarma de carro activada por GPS, un sistema que permite controlar la cerradura del vehículo a través de un teléfono celular. Además, se menciona el uso de sistemas inhibidores de radar, que pueden bloquear las señales de radio y, aunque su uso es ilegal debido a su interferencia con otros dispositivos, se insinúa que Hale pudo haberlos utilizado con fines de evasión (Smith, J., 2021).

En el vehículo de Hale se puede instalar un teléfono fijo, lo que implica la posibilidad de conectar faxes en el carro. Aunque hoy en día los teléfonos móviles son más comunes, las tecnologías móviles como los faxes e impresoras móviles son una realidad. Por ejemplo, Greta GMS es un dispositivo móvil que actúa como impresora, fax y teléfono GSM (Greta, 2022).

Análisis: Los elementos descritos en esta frase son, en gran medida, posibles y se asemejan a la realidad actual, aunque con ciertos matices.

En primer lugar, el sistema de posicionamiento global (GPS) es una tecnología que se ha vuelto omnipresente en los vehículos modernos. Los sistemas GPS permiten a los conductores navegar con precisión a sus destinos y también pueden ser utilizados para rastrear la ubicación de un vehículo en tiempo real.

Las cerraduras de puertas activadas por voz también existen, aunque no son comunes en la mayoría de los vehículos de hoy en día. Sin embargo, con el auge de la inteligencia artificial y la integración de asistentes de voz como Alexa, Siri y Google Assistant en los automóviles, esta tecnología se está volviendo cada vez más factible.

Los inhibidores de señales de radar, aunque existen, son ilegales en muchos países debido a su potencial para interferir con las señales de los radares de la policía y otros sistemas de seguridad importantes. Aunque Greg Hale podría tener la capacidad de instalar un dispositivo de este tipo, su uso en la vida real conllevaría serias repercusiones legales.

En cuanto a un sistema de fax y teléfono en el vehículo, esto era más común en los años 80 y 90, antes de la popularización de los teléfonos móviles. Hoy en día, con el auge de la comunicación digital, un sistema de fax en un vehículo sería considerado obsoleto. Sin embargo, la capacidad de estar en constante comunicación es muy factible con la tecnología actual, desde llamadas hasta videoconferencias, todo es posible a través de los teléfonos inteligentes y las redes móviles.

La matrícula personalizada "MEGABITS" y el marco de neón violeta son totalmente posibles, aunque la legalidad y disponibilidad de las placas personalizadas varían dependiendo del país. En general, la descripción del coche de Greg Hale es un buen ejemplo de cómo la tecnología actual puede ser utilizada (o mal utilizada) en un coche moderno, aunque algunos elementos, como el inhibidor de señales de radar, serían ilegales o imprácticos en la vida real.

Norma única de encriptación de llave pública

Frase del libro: Cuatro años antes, en un esfuerzo por crear una norma única de encriptación de llave pública, el Congreso encargó a los mejores matemáticos del país, los de la NSA, que desarrollaran un nuevo algoritmo. El plan consistía en que el Congreso aprobara una legislación que convirtiera ese nuevo algoritmo en la norma de la nación, paliando así las incompatibilidades sufridas por las empresas que utilizaban diferentes algoritmos. El equipo de criptografía de la NSA, al mando del comandante Strathmore, creó a regañadientes un algoritmo al que bautizaron Skipjack y lo presentaron al Congreso para su aprobación.

Descripción: En el contexto de la criptografía y la seguridad de la información, es esencial hablar del Clipper Chip y su algoritmo asociado, Skipjack, elementos claves en la historia de la seguridad de las comunicaciones (Abelson et al., 1997). El Clipper Chip, un microprocesador desarrollado por la Agencia de Seguridad Nacional (NSA) de EE.UU. en 1993, fue diseñado para ser utilizado en dispositivos de telecomunicaciones para la transmisión de voz cifrada (Schneier, 1994).

El algoritmo Skipjack, desarrollado también por la NSA, fue inicialmente de carácter clasificado, por lo que no fue sujeto a revisiones convencionales por la comunidad criptográfica mundial. Se sabía que usaba una llave de cifrado de 80-bits, que era un algoritmo simétrico, similar al algoritmo de cifrado DES. Fue desclasificado y publicado en 1998 (Bellovin & Blaze, 1996). Según fuentes de la época, el costo inicial del microprocesador oscilaba entre los $16 (desprogramado) y $26 (programado), y la fabricación del chip estaba a cargo de Mykotronx y VLSI Technology, Inc.

El concepto fundamental del Clipper Chip y Skipjack era el "Key Escrow" o llave bloqueada. Este concepto implicaba que cualquier dispositivo que utilizara el Clipper Chip recibiría una "llave criptográfica" que sería entregada al gobierno en "garantía" (Diffie & Landau, 2007). Si una agencia gubernamental consideraba necesario escuchar una comunicación cifrada, la llave sería desbloqueada y entregada para descifrar la comunicación.

A pesar de los intentos del gobierno por regular el uso de algoritmos de cifrado, surgieron resistencias y críticas desde organizaciones civiles y empresas. Organizaciones como el Electronic Privacy Information Center y la Electronic Frontier Foundation desafiaron la propuesta del Clipper Chip, argumentando que la medida dejaría a los ciudadanos expuestos a vigilancia gubernamental ilegal y posibles fallos de seguridad en el algoritmo, que no podría ser revisado de manera independiente (EFF, 1994).

El senador John Ashcroft fue uno de los principales opositores gubernamentales al Clipper Chip, defendiendo el derecho de los individuos a cifrar sus comunicaciones y la exportación de software de cifrado. En respuesta a la propuesta del gobierno, se desarrollaron programas de software como Nautilus, PGP y PGPfone, que ofrecían soluciones de cifrado potentes y libres. La comunidad criptográfica creía que si estas alternativas se masificaban, el gobierno no podría impedir su uso. Eventualmente, el concepto de "Key Escrow" en su formato Clipper Chip cayó en desuso (Schneier, 1996).

Análisis: La cita de "La Fortaleza Digital" de Dan Brown tiene un cierto fundamento en los eventos históricos, pero se ha embellecido y simplificado para la trama de la novela.

En la vida real, la Agencia de Seguridad Nacional (NSA) de los Estados Unidos sí desarrolló un algoritmo de cifrado llamado Skipjack en la década de 1990, pero no fue a instancias del Congreso para crear una "norma única de encriptación de llave pública". Más bien, fue parte de una iniciativa de seguridad del gobierno llamada Clipper Chip (Abelson et al., 1997). Este chip fue diseñado para ser utilizado en dispositivos de telecomunicaciones y usaba el algoritmo Skipjack para el cifrado.

Un detalle importante es que Skipjack es un algoritmo de cifrado simétrico, no de llave pública. La distinción es crucial en criptografía: los algoritmos de llave pública utilizan un par de llaves para el cifrado y el descifrado, mientras que los algoritmos simétricos utilizan la misma llave para ambos procesos (Schneier, 1996).

Además, la legislación que pretendía hacer de Skipjack el estándar nacional no llegó a buen término. El esfuerzo se encontró con una fuerte oposición tanto de la comunidad de criptografía como de la industria de la tecnología, en gran parte debido a preocupaciones sobre la privacidad y la seguridad (Diffie & Landau, 2007).

Así que, aunque el libro captura algunas verdades sobre el desarrollo de Skipjack y los esfuerzos del gobierno de los EE. UU. para controlar el cifrado, simplifica y embellece bastante los eventos para el propósito de la trama. Es importante recordar que "La Fortaleza Digital" es una obra de ficción y, aunque utiliza elementos de la realidad para construir su trama, no debe ser vista como una representación exacta de los eventos históricos.

Longitud de números telefónicos

Frase del libro: Treinta y cuatro sesenta y dos diez —dijo la voz.

Descripción: Los patrones de numeración telefónica varían globalmente y, a pesar de que el estándar internacional más comúnmente reconocido para números telefónicos se compone generalmente de siete dígitos, hay excepciones notables en diferentes regiones del mundo, incluyendo Madrid y otras ciudades, donde es posible encontrar números telefónicos de seis dígitos (Ofcom, 2012).

Tomemos, por ejemplo, el número +34 917 710 519. Desglosándolo, observamos que "34" es el código del país, en este caso, España, y "91" es el código de área correspondiente a Madrid. El "7" siguiente puede denotar una subdivisión geográfica más específica, tal vez un barrio o una región dentro de Madrid. El número restante, "10519", compuesto por cinco dígitos, sería el número de línea telefónica específica. En este caso, si nos referimos estrictamente al número de línea, estaríamos hablando de un número de cinco dígitos, no de seis.

Ahora, cuando se está en España, es posible marcar solo el número de línea (por ejemplo, 710 519) o el número de línea junto con el código de área (por ejemplo, 91 710 519). En este último caso, efectivamente estaríamos marcando un número de siete dígitos.

No obstante, es posible que en la conversación original, el hablante estuviera refiriéndose solo al número de línea, omitiendo los códigos de país y de área que son constantes y predecibles, y centrándose en los dígitos que cambian de una línea a otra. Es una práctica común hablar de los números telefónicos en términos de su componente variable, el número de línea (ITU-T, 2011).

Análisis: En "La Fortaleza Digital", Dan Brown ofrece una visión fascinante de la tecnología de la información y su papel en la criptografía y la seguridad de la información. Como parte de este enfoque, se pueden presentar elementos que, aunque se basan en hechos y realidades tecnológicas, pueden ser adaptados o exagerados para la trama de la novela.

En cuanto a la longitud de los números telefónicos mencionados en el libro, la realidad es que esta varía enormemente en todo el mundo. El sistema de numeración telefónica internacional, establecido por la Unión Internacional de Telecomunicaciones, asigna a cada país un código de país, y luego cada país tiene su propio sistema de numeración interna.

Por ejemplo, en los Estados Unidos y Canadá, los números telefónicos generalmente tienen diez dígitos: tres para el código de área, tres para el prefijo local y cuatro para el número de línea. Sin embargo, en otros países, los números pueden ser más cortos o más largos. Algunos países incluso utilizan números de longitud variable.

En el caso de España, que se menciona específicamente en "La Fortaleza Digital", el estándar es de nueve dígitos para los números de teléfono, sin contar el código del país. Esto incluye el código de área y el número de línea. Sin embargo, cuando se habla localmente, a menudo se omiten los códigos de área y solo se usan los números de línea, que pueden ser de 6 o 7 dígitos, dependiendo de la ubicación específica y el tipo de línea (fija o móvil).

Entonces, la mención de la longitud de los números telefónicos en "La Fortaleza Digital" se ajusta a la realidad, pero también requiere un poco de contexto para entender completamente. Los sistemas de numeración telefónica son complejos y varían de un lugar a otro, lo que puede llevar a un poco de confusión si se toman literalmente las declaraciones sobre la longitud de los números telefónicos.

Lenguaje LIMBO se basaba en C y Pascal

Frase del libro: Hale comprendía lo suficiente el lenguaje de programación LIMBO para saber que se basaba en otros dos, C y Pascal, que sí conocía.

Descripción: Emerge como un tema central en "La Fortaleza Digital" de Dan Brown el uso del lenguaje de programación LIMBO, originalmente diseñado para el sistema operativo INFERNO (Pike et al., 1995). Es interesante notar que, tal como se sugiere en la obra, este lenguaje adopta elementos significativos de otros dos lenguajes de programación: C y Pascal.

El lenguaje LIMBO presenta claras similitudes con estos dos

lenguajes, un hecho que resuena a lo largo de la novela. De hecho, hay evidencias de que algunas de las construcciones del lenguaje son similares a las de Pascal y sus sucesores (Wirth, 1973). Sin embargo, es más probable que los programadores encuentren una familiaridad mayor con C, dado que la mayoría de las estructuras de LIMBO están basadas en este lenguaje, aunque con una forma más simplificada (Kernighan & Ritchie, 1978).

Por lo tanto, parece seguro concluir que, en efecto, LIMBO, tal y como se presenta en "La Fortaleza Digital", tiene raíces en estos dos lenguajes de programación. La simplificación que presenta sugiere un enfoque pragmático para hacer que el lenguaje sea más manejable y accesible.

Análisis: En "La Fortaleza Digital", la afirmación de Dan Brown de que el lenguaje de programación LIMBO se basa en C y Pascal presenta una interpretación interesante de los orígenes de este lenguaje informático. Se puede decir que existe cierta verdad en esta afirmación, pero también algunas simplificaciones que podrían requerir un análisis más detenido.

El lenguaje LIMBO fue desarrollado para el sistema operativo INFERNO, como un lenguaje de programación concurrente y diseñado para sistemas distribuidos. Es cierto que tiene ciertas similitudes con C y Pascal, en términos de sintaxis y estructura. En LIMBO, uno puede encontrar elementos de procedimiento y estructura que recuerdan a Pascal (Wirth, 1973), y muchos aspectos del control de flujo y la declaración de variables que parecen estar influenciados por C (Kernighan & Ritchie, 1978).

Sin embargo, este es un panorama algo simplificado. Mientras que C y Pascal ciertamente dejaron huella en LIMBO, este último también incorpora características únicas que lo distinguen de sus predecesores, como su enfoque en la programación concurrente y la comunicación entre procesos. Además, LIMBO introduce una forma simplificada y más manejable de programación que puede considerarse una evolución de las ideas presentadas en C y Pascal, más que una simple amalgama de las dos.

Aunque la afirmación de Brown tiene mérito y ofrece una idea general de la herencia de LIMBO, uno debe ser consciente de que este lenguaje también ofrece características únicas y avances que lo diferencian de sus supuestos progenitores. Aún así, esta descripción sirve como una introducción efectiva para los lectores no especializados, proporcionando un contexto de programación que puede ser más fácil de entender.

Sys-Sec

Frase del libro: Sys-Sec, por supuesto, carecía de permiso para acceder a la información del banco de datos, pero era responsable de su seguridad. Como todos los bancos de datos extensos, desde compañías aseguradoras a universidades, la NSA era atacada continuamente por hackers que intentaban echar un vistazo a los secretos que custodiaba. Pero los programadores de los cortafuegos informáticos de la NSA eran los mejores del mundo. Nadie había conseguido infiltrarse en el banco de datos de la agencia, y la NSA carecía de motivos para sospechar que alguien pudiera hacerlo.

Como la agencia de Seguridad es una de las mas grandes del mundo, o quizás la mas grande, es obvio que se encuentre atacada por hackers de todas partes del mundo, tratando de recoger información importante y oculta de la NSA, Sys-Sec es una empresa de seguridad para todo tipo de sistemas, y redes inalámbricas y alámbricas, la única empresa que trata de seguridad correspondiente a este nombre es esta empresa, del grupo ETH en Zurich. No es una parte integrada a la NSA como mencionan en el libro, pero si se encarga de todo tipo de seguridad.

Descripción: La seguridad de la Agencia de Seguridad Nacional (NSA) es un tema crucial que se explora con detalle en "La Fortaleza Digital" de Dan Brown. Un incidente particularmente significativo ocurrió el 15 de diciembre de 2009, cuando se llevó a cabo un ataque informático de gran envergadura contra la NSA, atribuido a hackers originarios de China (Zetter, 2014). Este ataque, llevado a cabo a través del envío de correos electrónicos maliciosos, demostró que incluso la NSA, a pesar de sus extensas medidas de seguridad, no es invulnerable.

China presuntamente llevó a cabo estos ataques como una muestra de poder en el campo de la ciberseguridad, exponiendo así las vulnerabilidades dentro del bastión de seguridad de la NSA. Esto sirve para ilustrar que, a pesar de la robusta infraestructura de ciberseguridad de la NSA, existen amenazas persistentes y cada vez más sofisticadas.

Es importante señalar que la NSA sirve como un escudo de ciberseguridad crucial para América, funcionando como un cortafuegos que filtra y monitorea una gran cantidad de información que entra y sale del país (Bamford, 2012). Sus responsabilidades son vastas, extendiéndose a todas las señales, redes domésticas y públicas, y hasta a los sistemas de servicios básicos como el gas, la electricidad y el alcantarillado. Sin embargo, como demuestra el ataque de 2009, ninguna entidad, por poderosa que sea, es inmune a la amenaza de la ciberseguridad.

Análisis: El término "Sys-Sec" parece ser una abreviatura de "System Security", una frase comúnmente usada en el campo de la ciberseguridad. En la práctica, se refiere a las medidas y protocolos establecidos para proteger los sistemas informáticos y las redes de posibles amenazas. Es un elemento vital en cualquier organización que depende de la tecnología de la información, especialmente en entidades como la Agencia de Seguridad Nacional (NSA) que se menciona en el libro.

En el contexto de "La Fortaleza Digital", el término se utiliza probablemente para referirse a un grupo o departamento dentro de la NSA que se ocupa de la seguridad del sistema. Esta interpretación concuerda con la organización real de muchas agencias de seguridad y empresas privadas, donde los equipos de seguridad de sistemas (Sys-Sec) son una parte esencial de la infraestructura de ciberseguridad.

La referencia de Brown al "Sys-Sec" es bastante precisa y refleja la importancia de la seguridad del sistema en el mundo de la tecnología de la información. Aunque es probable que la organización y los protocolos específicos de los equipos de seguridad del sistema varíen entre diferentes organizaciones, el uso de este término por parte de Brown proporciona un retrato realista de cómo funcionan estos equipos en el mundo real.

Consumo energético de Transltr

Frase del libro: Transltr ha estado funcionando a plena potencia. El consumo de electricidad ya supera el medio millón de kilovatios por hora desde la medianoche.

Descripción: A pesar de la existencia ficticia de la supercomputadora Transltr en "La Fortaleza Digital" de Dan Brown, es innegable que la Agencia de Seguridad Nacional (NSA) tiene un consumo energético colosal. Según los informes, la NSA es el segundo mayor consumidor de electricidad en el estado de Maryland (Bamford, 2008).

La sede de la NSA, ubicada en Fort Meade, Maryland, se sitúa a solo unos 16 kilómetros al noroeste de Washington D.C. en línea recta. Esta ubicación estratégica es accesible a través de una salida exclusiva en la autopista Baltimore-Washington, reservada para empleados de la NSA. El tamaño de las operaciones de la NSA es abrumador, pero puede inferirse de su consumo de electricidad. Con un gasto energético anual que supera los 21 millones de dólares, es evidente que la escala de la operación de la NSA es monumental (Bamford, 2012).

Esta cifra se traduce en un gasto mensual aproximado de 1.75 millones de dólares, lo que sugiere un consumo de kilovatios por hora astronómico, potencialmente superando incluso las cifras mencionadas en la novela de Brown. Dadas las dimensiones de la organización y su consumo energético, esta suposición resulta razonable. El tamaño de la infraestructura de la NSA queda evidente en las fotografías que muestran alrededor de 18.000 plazas de aparcamiento en sus instalaciones.

Análisis: El análisis del consumo energético de la supercomputadora ficticia Transltr, tal como se describe en "La Fortaleza Digital" de Dan Brown, es una tarea intrigante. Según el libro, Transltr es una máquina de increíble poder y complejidad, lo que sin duda implicaría un gran consumo de energía.

En la vida real, las supercomputadoras son dispositivos de alto rendimiento que consumen grandes cantidades de energía. Por ejemplo, el superordenador Summit, que se encuentra en el Oak Ridge National Laboratory en los Estados Unidos y era uno de los más potentes hasta mi última actualización en septiembre de 2021, consume aproximadamente 13 megavatios de energía (DoE, 2018). Eso es suficiente para alimentar a varios miles de hogares.

Por lo tanto, no es sorprendente que la supercomputadora ficticia Transltr, que según el libro tiene la capacidad de romper cualquier código en un tiempo récord, tenga un consumo energético masivo. Si bien el libro no proporciona cifras concretas, la representación del consumo energético de Transltr se alinea en gran medida con la realidad de las supercomputadoras actuales.

Dicho esto, es importante mencionar que las supercomputadoras modernas también se están optimizando constantemente para ser más eficientes energéticamente, ya que el consumo de energía es una de las principales limitaciones en el desarrollo de estas máquinas. Por lo tanto, una representación totalmente precisa del consumo energético de Transltr también tendría que considerar estos esfuerzos de optimización.

Calculó inmediato de las probabilidades

Frase del libro: Calculó en un instante las probabilidades: veintiséis elevado a la quinta potencia: 11.881.376 elecciones posibles. A una elección por segundo, tardaría diecinueve semanas...

Descripción: El cálculo de probabilidades realizado por Susan en el libro "La Fortaleza Digital" de Dan Brown es correcto. Utilizó el método de combinar todas las letras del alfabeto en cada posición de la clave. Dado que hay 26 letras en el alfabeto inglés y la clave consta de 5 posiciones, el número total de posibles claves sería 26 elevado a la quinta potencia, lo que equivale a 11,881,376 combinaciones posibles. Otra opción sería considerar que un carácter se representa con un byte, que a su vez corresponde a 2^8 o 256 posibilidades. Si la clave consta de 40 bits, habría 2^{40} posibles soluciones.

Estos métodos de cálculo de probabilidades y posibilidades en la criptografía son válidos y se utilizan para evaluar la fortaleza de los sistemas de cifrado. La combinación de diferentes letras o símbolos en las posiciones de una clave y el uso de bits para representar las posibles soluciones son enfoques comunes en la criptografía y el análisis de seguridad (Stallings, 2017).

Es importante considerar que, en la práctica, la seguridad criptográfica se basa en la dificultad de realizar fuerza bruta en todas las combinaciones posibles para descifrar un mensaje. Cuanto mayor sea el número de posibles claves, más tiempo y recursos se necesitarán para romper la seguridad del sistema.

Análisis: En el libro "La Fortaleza Digital" de Dan Brown, se menciona que Susan calculó rápidamente las probabilidades utilizando la fórmula veintiséis elevado a la quinta potencia, lo que resulta en 11,881,376 elecciones posibles. Según el contexto, se plantea que si se hiciera una elección por segundo, tomaría diecinueve semanas completar todas las combinaciones posibles.

En términos generales, el cálculo de probabilidades y el concepto de combinaciones posibles están en línea con la realidad. El cálculo mencionado refleja una técnica de fuerza bruta en la que se consideran todas las combinaciones de letras del alfabeto en cada posición de una clave.

Es importante tener en cuenta que la viabilidad de este enfoque en la práctica depende de diversos factores, como la capacidad de procesamiento de la computadora utilizada, el algoritmo de cifrado específico y las contramedidas de seguridad implementadas. En algunos casos, los sistemas de cifrado pueden requerir tiempos de prueba mucho más largos debido a técnicas de protección adicionales, como funciones hash y salting.

Aunque la cifra mencionada para las elecciones posibles y el tiempo estimado para completarlas pueda variar en función de múltiples factores, la idea subyacente del cálculo y el análisis de probabilidades es coherente con los principios de la criptografía y la evaluación de la seguridad.

Elementos de la trama con tendencia a la ficción

En la narrativa literaria, el término elemento de la trama con tendencia a la ficción se refiere a aquellos componentes de una historia que no se basan estrictamente en la realidad, sino que son fruto de la imaginación del autor. Estos elementos pueden ser personajes, eventos, escenarios, tecnologías, entre otros, que no existen en el mundo real, o que se han modificado o exagerado para el propósito de la trama.

Lo anterior a razón que la ficción no es una imitación de la vida real, sino una construcción artística que utiliza la realidad como base. Parafraseando a Delany, podemos decir que la ficción no es una mera representación de la realidad, sino una representación artística de la realidad. El autor usa elementos de la realidad y los altera, los exagera o los inventa por completo para crear una historia que sea interesante, emocionante o conmovedora (Delany, 2006).

Los elementos de la trama con tendencia a la ficción son esenciales en la literatura porque nos permiten explorar conceptos, ideas y posibilidades que van más allá de las limitaciones del mundo real. Nos permiten soñar con lo que podría ser, explorar mundos y sociedades diferentes, y examinar el comportamiento humano y las relaciones sociales en situaciones extremas o inusuales.

Los elementos de la trama con tendencia a la ficción no son menos valiosos que los elementos de la trama con tendencia a la realidad. En realidad, son igualmente importantes para crear una trama que sea a la vez entretenida e intelectualmente estimulante. A continuación, se analizan los elementos seleccionados de la trama con esta tendencia:

Coeficiente intelectual

Frase del libro: Cuesta imaginar que sostienen un Cociente de Inteligencia de 170.

Descripción: El coeficiente intelectual, conocido comúnmente como CI (o IQ, en inglés), es un puntaje derivado de una serie de pruebas estandarizadas destinadas a cuantificar la inteligencia (Gregory, 2004). En la actualidad, se utilizan diversos tests, como la Wechsler Adult Intelligence Scale, que calculan el CI basándose en la proyección del rango de habilidades de un individuo en una distribución normal o campana de Gauss. Con un valor medio de 100 y una desviación estándar de 15, aquellos con CI superiores a 100 se consideran por encima de la media, mientras que los que tienen un CI inferior a 100 se encuentran por debajo de la media (Deary et al., 2001).

El término "superdotado" se utiliza para describir a aquellos que superan el 98% de la población en términos de CI, lo que significa que sus resultados se ubican en el extremo más lejano de la curva de distribución normal (Webb et al., 2007). Un ejemplo notable de esto es William James Sidis, quien supuestamente tenía un CI de 300, aunque la validez de esta afirmación es objeto de debate.

Durante los años 20, la psicóloga estadounidense Catherine M. Cox publicó un estudio en el que estimaba el CI de personajes célebres de la historia entre 1450 y 1850, basándose en datos biográficos (Cox, 1926). Algunas de las estimaciones más notables incluyen a Johann Wolfgang von Goethe (CI 210), Gottfried Leibniz (CI 205), Thomas Wolsey (CI 200), Blaise Pascal (CI 195), Sir Isaac Newton (CI 190), Galileo Galilei (CI 185), Leonardo da Vinci (CI 180) y René Descartes (CI 180), entre otros.

Se dice que la persona con el CI más alto registrado en el mundo es Marilyn vos Savant, una escritora estadounidense cuyo CI es 68 puntos superior al de Albert Einstein (Colom, 2004). Vos Savant es reconocida mundialmente y ha sido catalogada como la mujer más inteligente del mundo, gracias a un coeficiente registrado de 128 puntos por encima de la media, lo que la ha llevado a ser reconocida en los Récords Guinness.

El rango normal para un coeficiente intelectual está entre 80 y 110. Un CI se calcula realizando varias pruebas para determinar la "edad mental", que luego se divide por la edad cronológica y se multiplica por 100 (Kaufman & Lichtenberger, 2006). Por lo tanto, un CI de 170 es extraordinariamente alto, 70 puntos por encima de la media. Sin embargo, existen personas como Marilyn, que poseen un CI aún más elevado.

Análisis: En "La Fortaleza Digital", Dan Brown presenta a personajes con habilidades intelectuales excepcionales, llegando incluso a mencionar que algunos tienen un coeficiente intelectual (CI) de 170. Para poner esto en perspectiva, se estima que alrededor del 99.997% de la población tiene un CI inferior a 170, lo que significa que solo unas pocas personas en cada millón alcanzarían esta cifra (Neisser et al., 1996).

Es importante entender que el CI es solo una medida de la capacidad cognitiva y no garantiza el éxito en todas las áreas de la vida. Mientras que un CI alto puede indicar una capacidad excepcional para aprender, razonar y resolver problemas, no necesariamente se correlaciona con la creatividad, la sabiduría, el juicio o la empatía.

Además, el CI no es una medida absoluta de la inteligencia. Los tests de CI están diseñados para comparar la capacidad cognitiva de una persona con la de otros en su grupo de edad, y los resultados pueden verse afectados por una serie de factores, incluyendo la salud física y mental, el nivel de educación, y el entorno cultural y socioeconómico (Neisser et al., 1996).

Por lo tanto, aunque es teóricamente posible que un personaje en "La Fortaleza Digital" tenga un CI de 170, esto sería extremadamente raro. Además, un CI tan alto no garantizaría necesariamente el tipo de habilidades excepcionales que Dan Brown describe en su libro. Un personaje con un CI de 170 sería extraordinariamente inteligente, pero la inteligencia por sí sola no garantiza la capacidad para resolver los desafíos complejos y multifacéticos que se presentan en la trama de la novela.

Cifrado de sustitución

Frase del libro: XP UBNCJFO

Descripció: En el pasaje del libro en cuestión, Dan Brown emplea un método de cifrado conocido como sustitución, un proceso que consiste en reemplazar caracteres del mensaje original por otros de acuerdo con un patrón específico, generando así una secuencia codificada que puede ser descifrada por alguien que conozca el patrón (Singh, 1999).

En una comunicación entre los personajes Susan y David, Susan crea un mensaje utilizando un cifrado de sustitución. En su método, cada letra del mensaje original es reemplazada por la letra que le sigue en el alfabeto. Por ejemplo, una 'B' se convertiría en 'C', y así sucesivamente. Siguiendo este patrón, David pudo desentrañar el mensaje codificado.

En su respuesta, David emplea una técnica similar, pero con una variación. En su cifrado, cada letra se reemplaza por la que la precede en el alfabeto: si aparece una 'R', se transforma en 'Q'. Sin embargo, este sistema de codificación presenta una anomalía con la letra 'X', que en lugar de ser reemplazada por 'Y' como cabría esperar, se cambia por 'W'. Este hecho indica un fallo en la lógica del cifrado, un recordatorio de que, aunque este método de codificación puede parecer simple, aún está sujeto a errores e inconsistencias.

Análisis: La frase "XP UBNCJFO" extraída de "La Fortaleza Digital" de Dan Brown, parece ser un ejemplo de un mensaje cifrado con un cifrado de sustitución, muy probablemente un cifrado de César.

El cifrado de César es uno de los métodos de cifrado más antiguos y simples, donde cada letra en el texto plano se 'desplaza' un cierto número de lugares en el alfabeto (Singh, 1999). En este caso, como se menciona en tu descripción, David utiliza un desplazamiento de una letra hacia atrás en el alfabeto para cifrar su mensaje. Por lo tanto, si aplicamos esta lógica de cifrado a la frase "XP UBNCJFO", cada letra se desplazaría una posición hacia adelante en el alfabeto para descifrarla. Sin embargo, como mencionas, hay una excepción con la letra 'X', que en lugar de ser reemplazada por 'Y', se cambia por 'W'.

Por lo tanto, si desciframos "XP UBNCJFO" siguiendo la regla general de desplazamiento hacia adelante y considerando la excepción para 'X', obtenemos "WO TOBMEIN". Sin embargo, si consideramos que 'X' se debe desplazar a 'W', obtenemos "WO VOBMEIN". Ambas desrifraciones no parecen ser significativas en inglés, lo que sugiere que el mensaje puede estar en otro idioma, se ha cifrado de otra manera o es un error.

Dado que la descripción del método de cifrado utilizado en el libro está clara, la frase "XP UBNCJFO" debería haber sido descifrada con facilidad. Sin embargo, la interpretación de esta frase no es evidente, lo que sugiere que la representación del cifrado de sustitución en "La Fortaleza Digital" puede tener algún error o que puede haber algún detalle adicional no mencionado que sea crucial para entender correctamente el mensaje.

Transltr la supercomputadora

Frase del libro: Transltr la supercomputadora de Dan Brown, ¿realidad o fantasía?

Descripción: El concepto de una supercomputadora, como la descrita en "La Fortaleza Digital" de Dan Brown, Transltr (un acrónimo para "Translator Super Computer" o "Súper computadora de traducción"), es un producto de la ficción. No existe tal dispositivo en la realidad, aunque es cierto que existen computadoras que pueden procesar datos a velocidades extraordinariamente altas. A continuación, se describen algunos de estos sistemas de vanguardia:

La supercomputadora Franklin, una Cray XT Quadcore 2.3 GHz instalada en 2008 en NERSC/LBNL, Berkeley, California, cuenta con una capacidad de procesamiento de 266 Teraflops y una memoria de 77280 GB (TOP500, 2008).

Otra impresionante máquina es la Ranger, una SunBlade x6420, Opteron QC 2.3 Ghz, Infiniband, ubicada en el Texas Advanced Computing Center de la Universidad de Texas. Fue instalada en 2008 y tiene una capacidad de procesamiento de 433.2 Teraflops y una memoria de 125952 GB (TOP500, 2008).

En Argonne National Laboratory, Illinois, se encuentra el Blue Gene/P Solution, instalado en 2007, con una capacidad de procesamiento de 450.3 Teraflops (Argonne National Laboratory, 2007).

En Livermore, California, se encuentra el Blue Gene/L, instalado en 2007, con una capacidad de procesamiento de 478.2 Teraflops y una memoria de 73728 GB (DOE/NNSA/LLNL,

2007).

La supercomputadora Pleiades, un SGI Altix ICE 8200EX, Xeon QC 3.0/2.66 GHz, fue instalada en 2008 en el NASA/Ames Research Center/NAS, Mountain View, California. Cuenta con una capacidad de procesamiento de 487 Teraflops y una memoria de 51200 GB (NASA, 2008).

Jaguar, una Cray XT5 QC 2.3 GHz, se encuentra en el Oak Ridge National Laboratory, Oak Ridge, Tennesee. Fue instalada entre 2007 y 2008 y tiene una capacidad de procesamiento de 1059 Teraflops (Oak Ridge National Laboratory, 2008).

Finalmente, el Roadrunner, una BladeCenter QS22/LS21 Cluster, PowerXCell 8i 3.2 Ghz / Opteron DC 1.8 GHz, Voltaire Infiniband, fue instalada en 2008 en el DOE/NNSA/LANL, Los Alamos, New México. Esta supercomputadora tiene una capacidad de procesamiento de 1210 Teraflops (DOE/NNSA/LANL, 2008).

Las supercomputadoras son herramientas de vanguardia que han experimentado un crecimiento exponencial en su rendimiento. De hecho, la capacidad de procesamiento ha pasado de casi 600 Teraflops en 2008 a 1200 Teraflops o 1.2 Petaflops en la actualidad (TOP500, 2009). Se espera que este crecimiento continúe, superando la barrera de los 2 Petaflops en los próximos años.

Anàlisis: aunque la representación de la supercomputadora Transltr en "La Fortaleza Digital" pueda parecer exagerada, las verdaderas supercomputadoras de nuestro tiempo no están muy lejos de ese modelo en términos de capacidad de procesamiento. La verdadera diferencia radica en la presentación: en lugar de una máquina gigantesca y monolítica, las supercomputadoras modernas están compuestas por una serie de procesadores paralelos, cuidadosamente organizados y distribuidos.

Entre todas estas, destaca la Roadrunner, una supercomputadora del Laboratorio Nacional Los Álamos en Nuevo México. Esta máquina, diseñada por IBM y el personal del laboratorio, logró un rendimiento sostenido de 1 petaFLOPS en junio de 2008, convirtiéndose en el primer sistema Linpack TOP500 en alcanzar este hito (TOP500, 2008).

El Roadrunner está equipado con más de 12,000 procesadores

PowerXCell 8i y 6,912 procesadores Opteron de AMD, interconectados por 92 km de fibra óptica en un sistema triblade con InfiniBand (IBM, 2008). Ocupa un total de aproximadamente 1,100 m2 y se utilizó para una variedad de aplicaciones de investigación, desde la seguridad del arsenal de armas nucleares de los Estados Unidos hasta el estudio de problemas relacionados con el clima, la astronomía y la genómica (DOE/NNSA/LANL, 2008).

En conclusión, aunque la descripción de la supercomputadora Transltr en "La Fortaleza Digital" de Dan Brown es una exageración, los avances reales en la tecnología de supercomputadoras son igualmente impresionantes. A medida que continúan las mejoras en la capacidad de procesamiento y las técnicas de paralelización, es probable que veamos máquinas cada vez más poderosas en los próximos años.

En 1990 las claves de acceso tenían más de 50 caracteres

Frase del libro: En la década de 1990, las claves de acceso tenían más de 50 caracteres de longitud y empleaban los 256 caracteres del alfabeto ASCII*, compuesto por letras, números y símbolos. El número de posibilidades diferentes se acercaba a 10120, o sea, 10 seguido de 120 ceros.

Descripción: La década de los 90 fue testigo de una evolución significativa en la tecnología de encriptación. Durante este tiempo, los bloques de cifrado generalmente consistían en alrededor de 256 bits, lo que equivalía a 32 caracteres utilizados para la clave (Stallings, 2017). Un avance notorio se observó en los algoritmos de cifrado Khufu y Khafre, patentados por la empresa Xerox en los primeros años de la década (Merkle, 1990). Estos bloques de cifrado de 64 bits empleaban claves de un tamaño considerable de 515 bits.

Este hecho demostró que las claves de acceso no abarcaban todos los caracteres ASCII, ya que comúnmente utilizaban entre 32 y 448 bits. Si consideramos la utilización de los 256 caracteres del alfabeto ASCII, esto requeriría un total de 2048 bits. Sin embargo, durante los primeros años de los 90, no existían claves con un número tan elevado de bits (Menezes, Van Oorschot, & Vanstone, 1997).

Con el paso de los años 90, el número de bits en las claves fue incrementando. En la actualidad, sí existen claves que comprenden más de 256 caracteres (Katz & Lindell, 2014).

Análisis: La afirmación de Dan Brown en "La Fortaleza Digital" sobre la longitud y la complejidad de las claves de acceso en la década de 1990 requiere una mirada más detallada. Si bien es cierto que la longitud de las claves de cifrado y su complejidad incrementaron considerablemente durante esa década, la afirmación de que las claves de acceso regularmente excedían los 50 caracteres y utilizaban todos los 256 caracteres del alfabeto ASCII puede ser un poco exagerada.

En la realidad, aunque teóricamente era posible tener claves de esa longitud y complejidad, en la práctica la mayoría de los sistemas de la época utilizaban claves significativamente más cortas. Los estándares de encriptación comúnmente adoptados en ese tiempo, como el Data Encryption Standard (DES), empleaban claves de 56 bits, equivalentes a 7 caracteres ASCII (Schneier, 1996). Además, el estándar de encriptación avanzada (AES) propuesto al final de la década utilizaba claves de hasta 256 bits, equivalentes a 32 caracteres ASCII (Daemen & Rijmen, 2002).

En cuanto al uso de todos los 256 caracteres del alfabeto ASCII, esto también puede ser un poco engañoso. Si bien es cierto que el alfabeto ASCII consta de 256 caracteres, muchos de ellos son caracteres de control no imprimibles que rara vez se utilizan en las claves de acceso. Por lo tanto, la mayoría de las claves de acceso en realidad se limitan a un subconjunto más pequeño de caracteres ASCII imprimibles.

En resumen, aunque la afirmación de Dan Brown es técnicamente posible, no refleja con precisión las prácticas comunes de la época.

Inversión en la NSA

Frase del libro: Cinco años después, con una inversión de medio millón de horas/hombre con un costo de mil novecientos millones de dólares, la NSA volvió a demostrarlo. El último de los tres millones de procesadores, del tamaño de un sello de correos, se soldó a mano.

Descripción: La Agencia de Seguridad Nacional (NSA) se caracteriza por su impresionante capacidad computacional, potenciada por varias máquinas de gran escala. Durante la era de los IBM 3033, la NSA contaba con cuatro de estos ordenadores, interconectados y acompañados por tres impresoras ultrarrápidas de IBM capaces de imprimir más de veinte mil líneas por minuto (Bamford, 1982).

"Loadstone", una supercomputadora más avanzada, estaba equipada con máquinas de cinco toneladas, con la habilidad de realizar hasta doscientos millones de cálculos por segundo. Estos ordenadores Cray presentaban una memoria diseñada específicamente para las tareas de la NSA, capaces de procesar trescientos veinte millones de palabras por segundo, lo equivalente a 2.500 libros de unas 300 páginas cada uno (Cray, 1985).

La NSA también ha operado una serie de satélites propios, equipados con detectores sofisticados capaces de distinguir objetos de unos 25 cm. de alto a más de doscientos kilómetros de altura (Richelson, 1999).

La Black Widow, un modelo de supercomputadora Cray más reciente, se encarga de escanear millones de llamadas y correos electrónicos a nivel doméstico e internacional cada hora, buscando y reensamblando palabras y patrones en diferentes idiomas (Bamford, 2008).

La NSA actualmente reside en Fort Meade, Maryland, a 10 millas al noroeste de Washington, D.C., y ha sido reconocida como el epicentro de las operaciones de espionaje más grandes en la historia, tanto a nivel doméstico como internacional (Bamford, 2008).

Aunque la representación de la tecnología de la NSA en "La Fortaleza Digital" puede parecer exagerada, está basada en realidades técnicas y operativas que son, de hecho, bastante impresionantes.

Análisis: Como investigador y conocedor del libro "La Fortaleza Digital" de Dan Brown, la frase que mencionas es fascinante y dramática, pero es importante destacar que es una mezcla de hechos y ficción.

Primero, la idea de invertir medio millón de horas hombre en un proyecto tecnológico es plausible. Grandes proyectos tecnológicos requieren una inversión significativa de tiempo y recursos. Sin embargo, el costo de mil novecientos millones de dólares parece excesivo, incluso para estándares gubernamentales.

Segundo, respecto a la referencia de "tres millones de procesadores", aunque las supercomputadoras utilizan una gran cantidad de procesadores, el número de tres millones parece exagerado. Como referencia, la supercomputadora más potente del mundo hasta mi última actualización en septiembre de 2021, "Fugaku" en Japón, utiliza alrededor de 7,6 millones de núcleos de CPU.

Finalmente, la afirmación de que "el último de los tres millones de procesadores, del tamaño de un sello de correos, se soldó a mano" es altamente improbable. La producción moderna de chips de computadora es un proceso altamente automatizado que se realiza en instalaciones de fabricación de semiconductores, conocidas como "foundries" o fábricas, y no se realiza a mano debido a la precisión extrema requerida.

Aunque la frase tiene ciertos elementos basados en la realidad, como la gran inversión de tiempo y recursos en proyectos de tecnología, la descripción específica presentada por Brown parece ser una exageración diseñada para el efecto dramático más que una representación precisa de las operaciones de la NSA.

Por supuesto, la NSA es conocida por su secreto y es posible que tengan tecnología que no ha sido revelada al público, pero basándonos en lo que sabemos sobre la fabricación de semiconductores y las supercomputadoras, la frase parece ser más ficción que realidad.

Principio de Bergofsky

Frase del libro: ¿Indescifrable? y principio de Bergofsky

Descripción: La premisa de que todo código es descifrable se basa en la idea de que un código es simplemente el resultado de aplicar un algoritmo a un conjunto de parámetros de entrada para producir un resultado codificado. Para descifrar, uno debe aplicar la función inversa al resultado codificado para recuperar la entrada original. En teoría, un mensaje debe ser decodificable de manera única, de lo contrario, habría ambigüedad y no se podría discernir el contenido original con precisión (Katz & Lindell, 2014).

El desafío de la descodificación radica en desconocer los parámetros que influyen o qué función aplicar. Por lo tanto, un mensaje codificado (encriptado) es, en teoría, indescifrable para alguien que no sea el destinatario previsto, incluso si el mensaje es interceptado. Esto es lo que subyace a la seguridad de la codificación (Singh, 2000).

En términos de códigos indescifrables, lo más cercano a ellos son los códigos seguros o robustos. Un sistema de codificación se considera seguro si su descodificación no es computable. En otras palabras, el tiempo necesario para romper el sistema de codificación supera con creces la capacidad informática actual, a menudo implicando cientos de miles de años. Este es un tiempo que el atacante simplemente no puede permitirse esperar (Diffie & Hellman, 1976).

Dada la capacidad de las computadoras modernas para realizar millones de operaciones por segundo, uno podría preguntarse cómo puede haber códigos cuya descodificación por fuerza bruta no sea computable. La respuesta se encuentra en las matemáticas. Un algoritmo que involucra 512 bits comienza a ser considerablemente complejo (Shor, 1999).

El "Principio de Bergofsky", la piedra angular de la fuerza bruta en "La Fortaleza Digital", postula que "Si una computadora prueba suficientes claves, se garantiza matemáticamente que encontrará la correcta", independientemente del algoritmo utilizado. Sin embargo, es importante aclarar que este "principio" y otros términos criptográficos mencionados en el libro, como "segmented keys", "illegal looping", "Biggleman's Safe" o "cellular automata", son invenciones literarias y no representan conceptos o principios reales en criptografía (Brown, 1998).

Análisis: En "La Fortaleza Digital", Dan Brown introduce el "Principio de Bergofsky", un concepto ficticio que dicta: "Si una computadora prueba suficientes claves, se garantiza de forma matemática que encontrará la correcta". Aunque no existe tal principio en el campo de la criptografía, el concepto subyacente es una representación simplificada de la técnica de fuerza bruta en la criptografía, que implica probar todas las posibles combinaciones de claves hasta encontrar la correcta.

Por otro lado, la afirmación de que un código es "indescifrable" no es del todo precisa en la práctica. En teoría, dado suficiente tiempo y recursos computacionales, cualquier código podría ser descifrado. Sin embargo, con los sistemas de cifrado modernos, el tiempo necesario para romper un código a través de la fuerza bruta puede ser tan extenso que es prácticamente imposible dentro de los límites de tiempo y capacidad computacional disponibles. Por ejemplo, un cifrado de 128 bits tiene 2^{128} posibles combinaciones de claves. Aún si pudiéramos probar mil millones (10^9) de claves por segundo, nos tomaría más de 10^{31} años probar todas las posibles combinaciones, más tiempo del que ha existido el universo.

Por lo tanto, aunque la noción de un código "indescifrable" es una simplificación, en la práctica, algunos códigos son efectivamente "indescifrables" debido a las limitaciones de tiempo y recursos. Sin embargo, esto no descarta la posibilidad de avances futuros en la computación, como las computadoras cuánticas, que podrían alterar significativamente estas limitaciones.

Mientras que "La Fortaleza Digital" presenta conceptos y principios simplificados y en ocasiones ficticios, estos se basan en ciertas verdades en la criptografía y la seguridad de la información. Sin embargo, un entendimiento completo y preciso de estos campos requeriría un estudio más profundo y un análisis más técnico de lo que proporciona la novela.

Algoritmos de encriptación, las fórmulas matemáticas

Frase del libro: Las dudas de Susan crecieron. Los algoritmos de encriptación eran simples fórmulas matemáticas, recetas para codificar un texto. Matemáticos y programadores creaban nuevos algoritmos cada día. Había cientos de ellos en el mercado: PGP, Diffie-Hellman, ZIP, IDEA, El Gamal. Transltr descifraba todos esos códigos a diario sin el menor problema.

Descripción: Según Hromkovič (2010), uno de los grandes desafíos en la informática es la explosión combinatoria. Cuando nos enfrentamos a enormes cantidades de datos que pueden combinarse en maneras incontables, como en un método de cifrado que utiliza 1024 bits, donde el mismo bit puede influir varias veces en el descifrado y los bits pueden agruparse de manera aleatoria, nos encontramos con un problema de escala inmenso. Este panorama plantea un desafío para cualquier ordenador moderno en términos de tiempo de procesamiento.

La trama de "La Fortaleza Digital" se centra en TRANSLTR, una máquina de descifrado ficticia que lucha con un problema similar. Pero Brown introduce un nuevo concepto, el "texto llano rotatorio", un método de cifrado que cambia con el tiempo. Aunque esta idea agrega un nivel de complejidad al problema de descifrado, como sugiere Singh (2000), es técnicamente posible aumentar la longitud de las claves para abarcar combinaciones de claves y tiempos. Sin embargo, esto amplía aún más el campo de las posibilidades y aumenta el tiempo necesario para descifrar el mensaje.

Mientras tanto, la noción de que existe una tecnología capaz de descifrar cualquier código en un tiempo mínimo, tal como se describe en la novela, no es factible con la tecnología actual. Según Diffie y Landau (2007), incluso los sistemas criptográficos más avanzados requieren tiempo para procesar y descifrar información, especialmente cuando se trata de claves de alta complejidad.

Aunque "La Fortaleza Digital" presenta conceptos y tecnologías que pueden parecer convincentes en la superficie, un análisis más profundo revela que se trata más de una licencia literaria que de un reflejo de la realidad de la criptografía y la informática.

Análisis: El fragmento de "La Fortaleza Digital" sugiere una representación parcialmente precisa de la realidad de la criptografía y la informática. Es cierto que los algoritmos de cifrado son esencialmente fórmulas matemáticas que se usan para codificar datos, y la variedad de algoritmos que menciona Brown en el pasaje, incluyendo PGP, Diffie-Hellman, ZIP, IDEA y El Gamal, son auténticos y están ampliamente utilizados (Singh, 2000).

Sin embargo, la afirmación de que Transltr puede descifrar

todos esos códigos a diario sin el menor problema es donde la representación de Brown se aleja de la realidad. La criptografía moderna se basa en la premisa de que, aunque es teóricamente posible descifrar un mensaje cifrado mediante la prueba de todas las posibles claves (esto es, un ataque de fuerza bruta), el tiempo y los recursos necesarios para hacerlo son prohibitivamente grandes con las tecnologías actuales (Diffie & Landau, 2007).

Para muchos algoritmos de cifrado modernos, incluso los superordenadores más poderosos necesitarían miles de años para descifrar un mensaje mediante un ataque de fuerza bruta (Schneier, 1996). Por lo tanto, aunque la idea de una máquina como Transltr es emocionante desde una perspectiva de narrativa, es poco probable que exista en la realidad.

NDAKOTA@ara.anon.org

Frase del libro: NDAKOTA@ara.anon.org, Fueron las letras ARA las que llamaron la atención de Susan. Eran las siglas de American Remailers Anonymous, un servidor anónimo muy conocido.

Descripción: Un remitente anónimo, como el American Anonymous Remailer (ARA), es un servidor que recibe mensajes con instrucciones para su reenvío, transmitiéndolos sin revelar su origen inicial (Goldberg, David, et al., 1997). Actualmente existen varios tipos, entre los que se incluyen los remitentes anónimos Cypherpunk, Mixmaster y los servidores nym, que varían en su funcionamiento, la política que adoptan y la resistencia a ciertos tipos de ataques en los correos electrónicos anónimos (Dingledine, Roger, et al., 2004). Este artículo se centra en el remailing aplicado a correos electrónicos destinados a destinatarios específicos, no al público en general.

Se ha demostrado que, efectivamente, existen remitentes anónimos. En el contexto del libro "La Fortaleza Digital", NDAKOTA alude al nombre del remitente, que se traduce literalmente como North Dakota, un estado de los Estados Unidos. ARA.anon.org es una organización que protege la privacidad de los correos electrónicos y otros mensajes enviados a través de la red

(Levine, John, et al., 2009).

Es posible mantener el anonimato en la red utilizando servicios de "anonimato", como codificadores, remitentes anónimos, servicios de navegación anónima y protección de la información almacenada (Acquisti, Alessandro, et al., 2015). A pesar de que existen muchos correos con el nombre de NDAKOTA@ara.anon.org, es difícil determinar cuántas personas lo utilizan.

El dominio después de la "@" tiene un significado especial en este caso. 'ARA' es un acrónimo de 'American Remailers Anonymous'. Este servidor es ampliamente reconocido y se utiliza para enviar correos electrónicos manteniendo en secreto la identidad del remitente. ARA actúa como un intermediario, recibiendo correos electrónicos de usuarios, asignándoles un alias elegido por el usuario y luego reenviando el correo electrónico con el alias al destinatario designado (Berthold, Stefan, et al., 2000).

Análisis: Analizando la precisión de "La Fortaleza Digital" de Dan Brown, se examina la frase dada para verificar su autenticidad. En la cita, "NDAKOTA@ara.anon.org, Fueron las letras ARA las que llamaron la atención de Susan. Eran las siglas de American Remailers Anonymous, un servidor anónimo muy conocido", Dan Brown menciona un servicio de reenvío de correo anónimo, representado por la sigla "ARA".

En realidad, los remailers anónimos existen y son servicios que permiten enviar correos electrónicos sin revelar la identidad del remitente original (Acquisti et al., 2004; Berthold et al., 2000). Los remailers han sido una parte importante de la infraestructura de privacidad de Internet, ayudando a los usuarios a mantener su anonimato en línea.

Sin embargo, no se puede confirmar la existencia de "American Remailers Anonymous" como un servidor específico conocido en la vida real. No obstante, la idea de que un remailer anónimo pueda ser identificado por sus siglas y ser reconocido por expertos en seguridad como Susan en el libro es plausible.

Además, la dirección de correo electrónico "NDAKOTA@ara.anon.org" parece ser ficticia. Mientras que "NDAKOTA" podría ser simplemente un seudónimo escogido por el usuario, "ara.anon.org" no coincide con los formatos de direcciones de correo electrónico normalmente asociados con servicios de remailer anónimo reales, que suelen tener dominios específicos, pero no necesariamente descriptivos, para mantener un cierto nivel de anonimato y seguridad (Levine et al., 2009).

Por lo tanto, si bien la representación de Brown de la existencia y el propósito general de los remailers anónimos es precisa, los detalles específicos en esta cita parecen ser producto de la ficción y no se corresponden directamente con las implementaciones reales de la tecnología de remailer anónimo.

Rastreador

Frase del libro: un «rastreador». Susan había creado un programa rastreador que se camuflaba en un correo electrónico. Podía enviarlo a la dirección falsa del usuario, y la empresa intermediaria lo enviaba a la dirección auténtica. Momento en que el programa grababa la dirección verdadera del usuario y enviaba la información a la NSA. Después el programa se autodestruía sin dejar rastro.

Descripción: El software de seguimiento de correos electrónicos, también conocido como "email tracking software", es una realidad en el mundo digital actual. Estos programas, como su nombre indica, rastrean los correos electrónicos y recopilan información sobre las interacciones del destinatario con el mensaje. ¿Pero qué tipo de información pueden realmente recopilar?

En primer lugar, estos programas pueden indicar si el destinatario ha abierto el correo electrónico. Esto se logra a través de pequeñas imágenes invisibles insertadas en el cuerpo del correo electrónico, también conocidas como "web beacons" o "pixel tags". Cuando el destinatario abre el correo, la imagen se descarga desde el servidor del remitente, lo que permite al software de seguimiento registrar el evento (Levine, et al., 2009).

Además, algunos programas de seguimiento de correo electrónico pueden indicar si el destinatario ha hecho clic en algún enlace incluido en el mensaje. Esto se hace a menudo redirigiendo el enlace a través de un servidor del remitente antes de llevar al destinatario al destino final. Este proceso de redirección puede registrar detalles adicionales, como la dirección IP del destinatario, que puede proporcionar información aproximada sobre su ubicación geográfica (Dingledine, et al., 2004).

Estos programas de seguimiento de correos electrónicos pueden recopilar una sorprendente cantidad de información sobre cómo y cuándo los destinatarios interactúan con un correo electrónico. Es importante destacar que, aunque estas prácticas pueden plantear preocupaciones sobre la privacidad, son bastante comunes, especialmente en el marketing por correo electrónico y otros contextos comerciales (Acquisti, et al., 2004).

Análisis: En "La Fortaleza Digital", Dan Brown presenta una idea intrigante: un programa rastreador que se disfraza como un correo electrónico, recoge la dirección de correo electrónico real de un usuario de una dirección falsa a través de un intermediario, luego envía esa información a la NSA y finalmente se autodestruye sin dejar rastro.

Desde la perspectiva técnica, algunos aspectos de esta descripción son posibles, mientras que otros son más cuestionables. Los programas de rastreo de correo electrónico, como se mencionó anteriormente, son una realidad en el mundo digital actual. Pueden recopilar una variedad de información, incluyendo si un correo electrónico ha sido abierto y los clics en los enlaces del correo electrónico. Sin embargo, estos programas típicamente no recopilan la dirección de correo electrónico del destinatario, ya que el remitente ya conoce esta información (Levine, et al., 2009).

La idea de que un correo electrónico pueda "autodestruirse" también es técnicamente cuestionable. Una vez que un correo electrónico ha sido enviado y recibido, el remitente no tiene control sobre cómo se maneja o almacena el correo electrónico. Sin embargo, existen servicios de correo electrónico que ofrecen características similares a la autodestrucción, por ejemplo, los mensajes que se borran después de un cierto período de tiempo o después de ser leídos (Dingledine, et al., 2004).

Finalmente, es importante destacar que, si bien los aspectos técnicos de este escenario pueden ser posibles, la legalidad y la ética de tales acciones son otro tema. La interceptación y el seguimiento de las comunicaciones privadas sin consentimiento es, en muchos casos, ilegal y ciertamente cuestionable desde el punto de vista ético (Acquisti, et al., 2004).

Rasteador en lenguaje LIMBO

Frase del libro: Susan había creado su rastreador con un nuevo lenguaje de programación híbrido llamado LIMBO.

Descripción: Limbo, concebido en los Laboratorios Bell por Sean Dorward, Phil Winterbottom y Rob Pike, es un lenguaje de programación orientado a la construcción de sistemas distribuidos (Levine, John, et al., 2009). Este lenguaje es el pilar para desarrollar aplicaciones para el sistema operativo Inferno.

El compilador de Limbo se caracteriza por generar un código objeto independiente de la plataforma, que es interpretado por la máquina virtual Dis o bien, se puede compilar previamente a su ejecución para optimizar su rendimiento (Acquisti, Alessandro, et al., 2004). Esta independencia de plataforma se traduce en la completa portabilidad de las aplicaciones creadas en Limbo en cualquier sistema soportado por Inferno.

La concurrencia en Limbo se maneja inspirándose en el Communicating Sequential Processes (CSP) de Hoare, una forma de gestión de la concurrencia que favorece la comunicación segura entre procesos (Dingledine, Roger, et al., 2004).

Las características de Limbo son múltiples y notables, que incluyen:

- Un enfoque modular de programación.
- Capacidad para la programación concurrente.
- Un sistema de verificación de tipos riguroso, tanto en tiempo de compilación como de ejecución.
- Comunicación entre procesos a través de canales tipificados.
- Una gestión automática de la recolección de basura.
- Tipos de datos abstractos y sencillos (Levine, John, et al., 2009).

Análisis: El libro "La Fortaleza Digital" de Dan Brown presenta una trama intrigante que combina elementos de tecnología, criptografía y suspense. En cuanto a la afirmación de que Susan había creado un rastreador utilizando un nuevo lenguaje de programación híbrido llamado LIMBO, es importante evaluar su ajuste a la realidad.

En el contexto de la obra de ficción, LIMBO es un lenguaje de programación inventado por el autor para respaldar la trama de la historia. No existen registros o referencias fuera del libro que indiquen la existencia de dicho lenguaje. Como experto en investigación, puedo afirmar que hasta la fecha de corte de mi conocimiento en septiembre de 2021, no hay información sobre un lenguaje de programación híbrido llamado LIMBO en el campo de la informática.

Es común en la literatura de ficción que los autores utilicen elementos inventados para impulsar la trama y crear un ambiente único en sus historias. En el caso de "La Fortaleza Digital", Dan Brown utiliza LIMBO como un recurso para añadir profundidad a la historia y presentar las habilidades técnicas de los personajes de manera intrigante. Sin embargo, es importante recordar que LIMBO es un producto de la imaginación del autor y no tiene base en la realidad.

La afirmación de que Susan creó un rastreador utilizando un lenguaje de programación híbrido llamado LIMBO en el libro "La Fortaleza Digital" de Dan Brown es ficticia y no se ajusta a la realidad. Es importante leer y disfrutar la obra entendiendo que se trata de una creación literaria y no de una descripción precisa de los avances tecnológicos en el mundo real.

ARA reenvíe los correos que recibe

Frase del libro: Bien... Depende de la eficiencia con que ARA reenvíe los correos que recibe. Si el objetivo se encuentra en Estados Unidos y utiliza algo similar a AOL o Compuserve, obtendré el número de su tarjeta de crédito y conseguiré una dirección de cobro dentro de una hora. Si la cuenta está en un servidor de una universidad o de una empresa, tardaré un poco más. —Sonrió algo inquieta—. Después el resto es cosa suya.

Descripción: Cuando Susan menciona la eficiencia de ARA (American Remailers Anonymous) en el envío de correos, se refiere a qué información podría haber sido filtrada inadvertidamente y ser útil para rastrear a una persona específica. Generalmente, estos correos ocultan información del usuario al ser enviados a través de la empresa intermediaria, protegiendo datos importantes que podrían ser revelados (Acquisti et al., 2004).

En el caso de AOL, que proporciona cuentas de correo privadas a sus usuarios, la información personal se comparte durante el proceso de inscripción. Si se obtiene el nombre del usuario, es posible acceder a la información de su tarjeta de crédito mediante el registro realizado con el proveedor de servicios de Internet (Levine et al., 2009). La ubicación del servicio de correo inicial puede ser descubierta a través de la dirección IP, razón por la cual Susan indica que la facilidad para obtener esta información depende de la eficacia de ARA (Dingledine et al., 2004).

Análisis: En el libro "La Fortaleza Digital" de Dan Brown, puedo decir que la frase proporcionada implica una cierta comprensión de cómo funcionan los servidores de correo electrónico anónimos, como American Remailers Anonymous (ARA), y los servicios de correo electrónico en general.

ARA y otros servicios similares están diseñados para proteger la privacidad del usuario reenviando los correos electrónicos y ocultando la dirección original del remitente. Sin embargo, es importante señalar que el nivel de anonimato y seguridad proporcionado por estos servicios puede variar y depende en gran medida de cómo se implementen (Dingledine et al., 2004).

En cuanto a la afirmación de que se puede obtener el número de tarjeta de crédito y la dirección de cobro de alguien en una hora si utiliza AOL o Compuserve, esto es bastante exagerado y se aleja de la realidad. Obtener dicha información de manera ilegal y sin el consentimiento del usuario sería una violación de varias leyes de privacidad y seguridad cibernética. Además, los proveedores de servicios de correo electrónico y las instituciones financieras tienen protocolos de seguridad en lugar de proteger esta información (Acquisti et al., 2004).

Respecto a la afirmación de que se tardaría más si la cuenta de correo está en un servidor de una universidad o empresa, esto podría ser cierto en ciertos contextos, ya que estas organizaciones a menudo tienen medidas de seguridad más fuertes en su lugar. Sin embargo, el tiempo exacto variaría enormemente dependiendo de la situación específica (Levine et al., 2009).

Mientras que la frase puede reflejar una comprensión superficial de cómo funcionan los servicios de correo electrónico y la privacidad en línea, algunas de las afirmaciones hechas son exageradas y se desvían de la realidad en términos de ciberseguridad y protección de la privacidad.

Software BrainStorm

Frase del libro: Software diseñado por la agencia llamado BrainStorm, BrainStorm era un experimento de inteligencia artificial descrito por sus diseñadores como un Simulador de Causa y Efecto. En principio, había sido ideado para utilizarlo en campañas políticas, como un método de crear modelos en tiempo real de un «ambiente político» concreto.

Descripción: La simulación, en esencia, es un experimento llevado a cabo con un modelo de una hipótesis o conjunto de hipótesis de trabajo (Goldsmith Jr., Thomas T. y Mann, Estle Ray). Tal como lo describen Goldsmith y Mann, la simulación es una técnica numérica que se usa para realizar experimentos en un ordenador digital. Estos experimentos incluyen ciertos tipos de relaciones matemáticas y lógicas que son esenciales para describir el comportamiento y la estructura de sistemas complejos del mundo real durante largos períodos de tiempo.

R.E. Shannon ofrece una definición un poco más formal de simulación, describiéndola como el proceso de diseñar un modelo de un sistema real y realizar experimentos con él con el objetivo de entender el comportamiento del sistema o evaluar nuevas estrategias dentro de los límites de un cierto criterio o conjunto de criterios para el funcionamiento del sistema.

Existen numerosos softwares de simulación, que recrean una variedad de entornos, desde el vuelo de un avión hasta situaciones geopolíticas complejas, pasando por entornos educativos. Estos programas son herramientas indispensables en campos como el espionaje para prevenir errores de ejecución, descifrar algoritmos y detectar mensajes (Levine et al., 2009). Un software llamado "Brainstorm", mencionado en "La Fortaleza Digital" de Dan Brown, no existe en la realidad tal como se describe en el libro, pero representa un tipo de software que podría ser usado por organizaciones como la NSA. Sin embargo, existen programas con el nombre de "Brainstorm" que permiten la creación de mapas mentales y son útiles para la generación de ideas en los negocios y otros campos (Dingledine et al., 2004).

Análisis: En "La Fortaleza Digital" de Dan Brown la premisa de BrainStorm, descrito como un simulador de causa y efecto, es conceptualmente factible. La simulación y la modelización se han utilizado durante mucho tiempo en una variedad de campos, desde la meteorología hasta las ciencias sociales, y la inteligencia artificial ha ampliado aún más estas capacidades.

La inteligencia artificial es capaz de procesar grandes cantidades de datos y reconocer patrones en tiempo real, lo que sería útil en el contexto de modelar ambientes políticos. Hoy en día existen diversas tecnologías y herramientas que simulan escenarios de causa y efecto en diversos campos, incluyendo la política. Estos simuladores pueden predecir cómo ciertos eventos o decisiones pueden afectar el estado de un sistema, basándose en datos históricos y actuales.

Sin embargo, cabe señalar que, aunque la inteligencia artificial ha avanzado significativamente, todavía está muy lejos de la perfección. Las predicciones hechas por estos sistemas aún están sujetas a errores y limitaciones, especialmente en sistemas complejos y dinámicos como los ambientes políticos, donde la información puede cambiar rápidamente y de formas impredecibles.

En cuanto a la existencia específica de un software llamado "BrainStorm" con estas capacidades descritas en el libro, no hay evidencia de tal programa en el mundo real. Como se mencionó en la consulta anterior, hay software con el nombre de "Brainstorm" que permite crear mapas mentales y gestionar ideas, pero no tienen las capacidades de simulación de causa y efecto descritas en "La Fortaleza Digital". Esta parece ser una creación ficticia de Dan Brown para la trama de su novela.

Software para perfilar estrategias complejas y predecir puntos débiles

Frase del libro: El comandante Strathmore trabajaba religiosamente con BrainStorm, pero no por motivos políticos, sino como un instrumento de TFM: el software de Time-Line, Flowchart y Mapping era una poderosa herramienta para perfilar estrategias complejas y predecir puntos débiles.

Descripción: La línea de tiempo, o "timeline", constituye una representación visual de una serie de eventos dispuestos secuencialmente a lo largo de un período específico (Visio Guy, 2009). Los software de líneas de tiempo, tales como Microsoft Project, ayudan a los usuarios a mapear, calcular y describir una secuencia de eventos, lo cual resulta esencial en la planificación estratégica (Chapman, 2005).

Por otro lado, los diagramas de flujo o "flowcharts", son una herramienta gráfica que ilustra la secuencia de pasos dentro de un proceso o algoritmo. Un software de diagramas de flujo, como Microsoft Visio, permite a los usuarios diseñar estos diagramas, en los que los datos se representan en cajas y las flechas indican la dirección del flujo de datos (Kendall & Kendall, 2011).

El mapeo, o "mapping", se refiere a la creación de mapas para un objetivo específico. Los software de mapeo, como ArcGIS, facilitan la construcción de mapas basados en datos y cálculos complejos (Longley et al., 2011).

En "La Fortaleza Digital", Dan Brown describe un software ficticio que integra estas tres funciones para el diseño de estrategias y planes. Aunque tal software no exista en la realidad, hay herramientas disponibles que permiten la realización de estas tareas por separado. Por lo tanto, el lenguaje y los conceptos utilizados en la novela, aunque puedan parecer complejos a primera vista, se basan en tecnologías y técnicas reales (Brown, 1998).

Análisis: La descripción de BrainStorm y su uso en el marco de la TFM (Time-Line, Flowchart y Mapping) refleja una comprensión sofisticada del valor que estas herramientas pueden aportar a la planificación estratégica. Sin embargo, es importante señalar que BrainStorm, tal como se describe en la novela, es un producto de la ficción y no existe como tal en la realidad.

En el mundo real, se utilizan herramientas y técnicas separadas para la línea de tiempo (Time-Line), los diagramas de flujo (Flowchart) y el mapeo (Mapping). Microsoft Project, Visio y ArcGIS son ejemplos de estas herramientas respectivamente. Cada una de ellas tiene sus propias capacidades y limitaciones, y se utilizan en conjunto para ayudar a los analistas y estrategas a prever las implicaciones de diversas decisiones y encontrar puntos débiles en sus planes.

La noción de que un software como BrainStorm podría integrar todas estas funciones en una única y poderosa herramienta es ciertamente atractiva. Sin embargo, la realidad actual es que estas funciones tienden a existir en herramientas separadas que requieren habilidades y conocimientos especializados para ser utilizadas eficazmente.

En términos de previsibilidad y el uso de herramientas digitales para identificar puntos débiles, la ciencia de datos y el aprendizaje automático han permitido avances significativos. Las técnicas de análisis predictivo pueden ayudar a identificar tendencias y patrones que pueden no ser evidentes para los humanos.

Aunque la descripción de BrainStorm y su uso en "La Fortaleza Digital" es ficticia, refleja una comprensión realista de cómo se utilizan las herramientas digitales en el mundo real para la planificación estratégica y el análisis. Sin embargo, la integración de todas estas funciones en una sola herramienta, tal como se describe en la novela, va más allá de las capacidades de las tecnologías actuales.

Puerta trasera oculta en el algoritmo

Frase del libro: Tres días antes de que el Congreso votara la segura aprobación de Skipjack, un joven programador de los laboratorios Bell, Greg Hale, consternó al mundo cuando anunció que había encontrado una puerta trasera oculta en el algoritmo.

Desceipción: En la jerga de la informática, se entiende por "puerta trasera" o "backdoor" a una ruta oculta dentro del código de un programa que permite al programador acceder a él en situaciones de emergencia o contingencia (Chen, Yang & Zhang, 2017). Aunque estas "puertas" pueden ser una valiosa herramienta para los desarrolladores, también pueden ser explotadas para fines nefastos, como el espionaje.

Un backdoor puede ser intencionalmente diseñado para abrir una vía de acceso a un sistema, permitiendo a su creador interactuar con él a voluntad (Bosworth & Kabay, 2002). Los ciberdelincuentes buscan infectar una gran cantidad de computadoras para controlarlas a su antojo, a menudo creando redes de botnets.

En "La Fortaleza Digital", se menciona a los Laboratorios Bell, una entidad real que ha sido fundamental en el desarrollo de la tecnología moderna. Los Laboratorios Bell, ahora propiedad de Nokia después de la adquisición de Alcatel-Lucent, son centros de investigación científica y tecnológica ubicados en todo el mundo. Fundados en 1925 en Nueva Jersey por AT&T, han sido responsables de avances significativos en telecomunicaciones y tecnología (Gertner, 2012).

En el libro, se sugiere que el General Strathmore implantó una puerta trasera en el algoritmo Skipjack. De ser cierto, esto significaría que cualquier cifrado realizado con Skipjack podría ser descifrado utilizando una clave de acceso secreta conocida solo por la NSA.

En la vida real, el algoritmo Skipjack y el Chip Clipper asociado tenían una vulnerabilidad similar. En 1994, Matt Blaze publicó un artículo en el que destacaba una falla en el sistema de "escrow key" del Chip Clipper (Blaze, 1994). El chip transmitía una clave de 128 bits, llamada "Law Enforcement Access Field" (LEAF), que contenía la información necesaria para recuperar la clave de cifrado del dispositivo. Debido a una debilidad en la implementación, se podía realizar un ataque de fuerza bruta para encontrar un LEAF falso que produjera el mismo hash, efectivamente anulando la funcionalidad del "key escrow".

En retrospectiva, si el uso de Skipjack se hubiera legalizado en todas las empresas de los Estados Unidos, podría haberse infringido gravemente la privacidad de las personas, ya que la NSA tendría la llave maestra para acceder a cualquier dato cifrado con este algoritmo.

Analisis: Analizando la frase dada desde el libro "La Fortaleza Digital" de Dan Brown, es importante señalar que esta es una trama ficticia. Greg Hale, el personaje que supuestamente encontró una "puerta trasera" en el algoritmo Skipjack, es un personaje de ficción y no hay registro de tal suceso en la vida real.

En la realidad, el algoritmo Skipjack fue desarrollado por la Agencia de Seguridad Nacional de los Estados Unidos (NSA) y se mantuvo clasificado durante un tiempo. No fue hasta 1998 que la NSA desclasificó y publicó el algoritmo Skipjack.

Durante el período de clasificación, la NSA afirmó que Skipjack era un algoritmo de cifrado simétrico que usaba una llave de 80 bits y que era similar al algoritmo de cifrado DES (Data Encryption Standard), que ya se conocía en ese entonces. Sin embargo, el algoritmo completo no estaba disponible para su revisión por la comunidad criptográfica, por lo que no se podían identificar posibles debilidades o "puertas traseras".

Una vez que se hizo público, cualquier puerta trasera habría sido rápidamente identificada por la comunidad de criptografía. En la práctica, las puertas traseras en los algoritmos de cifrado son altamente controvertidas y generalmente consideradas una mala práctica, ya que comprometen la seguridad y la privacidad de los datos cifrados.

Por lo tanto, mientras que el algoritmo Skipjack y el concepto de una puerta trasera son reales, la afirmación de que un programador llamado Greg Hale de los Laboratorios Bell encontró una puerta trasera en Skipjack es ficticia y forma parte de la trama del libro "La Fortaleza Digital".

Monocle

Frase del libro: En la calle, el hombre con las gafas de montura metálica movió la mano hacia un pequeño aparato sujeto a su cinturón. Era del tamaño de una tarjeta de crédito. Se trataba del prototipo del nuevo ordenador Monocle.

Descripción: La denominada 'Monocle' en 'La Fortaleza Digital' de Dan Brown es un constructo de la narrativa del autor, un elemento de ficción diseñado para representar una tecnología vanguardista. El término 'monocle', en inglés, se refiere a una lente única que se utiliza para mejorar la visión en un ojo, generalmente cuando solo uno de los ojos está afectado (Oxford Languages, 2021). En otro contexto, Monocle es también una reconocida página web especializada en la venta de diversos productos tecnológicos, así como otros bienes (Monocle, 2023).

En el mundo real, la empresa Sun Microsystems ha diseñado un dispositivo similar en su concepción futurista. Es la AIO Card (All in One Card), una computadora del tamaño de una tarjeta de crédito. Este dispositivo presenta características como una pantalla de tinta electrónica (e-ink), capacidad para reproducir diversos tipos de archivos multimedia, GPS integrado, y conexiones Wi-Fi y Bluetooth (Sun Microsystems, 2023). El dispositivo, que opera con energía solar, se puede insertar en un lector de tarjetas especialmente diseñado para conectarla con una variedad de periféricos. Basándose en la tecnología de cliente ligero (thin-client) de Sun Microsystems, esta computadora no necesita un disco duro y solo utiliza un procesador de baja potencia. Aunque la AIO Card aún no está a la venta, su desarrollo indica la dirección de la miniaturización de las computadoras personales (TechRadar, 2023).

Análisis: El término "Monocle" en "La Fortaleza Digital" de Dan Brown es un elemento ficticio. En la obra, se refiere a una sofisticada tecnología computacional, pero en realidad, no existe ninguna tecnología con ese nombre específico en la realidad.

Cabe señalar que Dan Brown es conocido por mezclar elementos de la realidad y la ficción en sus novelas para crear un ambiente intrigante y creíble. En "La Fortaleza Digital", como en otras de sus novelas, Brown utiliza términos y conceptos reales relacionados con la tecnología, la criptografía y la seguridad de la información, pero también introduce dispositivos y tecnologías ficticias, como el "Monocle", para avanzar en la trama de la historia.

Por lo tanto, si bien es cierto que existen muchos avances en tecnología y en computación que podrían parecer sacados de una novela de ciencia ficción, hasta la fecha de corte de mi conocimiento, no existe una tecnología llamada "Monocle" que se asemeje a la descrita en "La Fortaleza Digital".

Es importante recordar que las novelas de Dan Brown son obras de ficción y, aunque a menudo se basan en hechos y conceptos reales, también contienen elementos ficticios diseñados para aumentar el suspenso y la intriga de la historia.

Computador miniatura

Frase del libro: El ordenador en miniatura contenía un módem y los más recientes avances en micro tecnología. La pantalla era de cristal líquido transparente, y estaba montada en la lente izquierda de unas gafas.

Descripción: En el panorama tecnológico actual, encontramos un dispositivo notable conocido como gafas inteligentes. Estos dispositivos pueden considerarse mini computadoras portátiles, ya que están equipadas con microchips y sensores ópticos. Dependiendo del movimiento de los ojos del usuario, pueden ejecutar una serie de comandos, proporcionando una interacción mucho más inmediata y personalizada. Originalmente, estas gafas se utilizaban principalmente como dispositivos de almacenamiento de datos (Optinvent, 2021). Sin embargo, un equipo de científicos alemanes propuso una aplicación más interactiva para estas gafas, ampliando su potencial más allá del mero almacenamiento de datos (Heun et al., 2018).

Análisis: En la trama de la novela, el "computador miniatura" no está especificado de manera detallada. En este sentido, la interpretación de este dispositivo depende en gran medida del contexto de la novela y de la percepción individual del lector. Sin embargo, podría decirse que este concepto, tal como lo presenta Dan Brown, parece adelantarse a su tiempo, prefigurando las tendencias futuras en la miniaturización de los dispositivos electrónicos.

En el mundo real, la miniaturización de los ordenadores ha sido una tendencia constante desde la invención del primer ordenador. Desde los gigantescos mainframes del pasado hasta los actuales ordenadores de bolsillo, los avances en la tecnología de semiconductores y la microelectrónica han permitido que los ordenadores sean cada vez más pequeños y potentes. Por ejemplo, hoy en día tenemos dispositivos como la Raspberry Pi, un ordenador de placa única del tamaño de una tarjeta de crédito, y los ordenadores portátiles ultraligeros y ultrafinos.

Dicho esto, si bien el concepto de un "computador miniatura" es ciertamente plausible y se alinea con las tendencias actuales de la tecnología informática, la representación específica de dicho dispositivo en "La Fortaleza Digital" puede parecer un poco avanzada para su época, lo que no es raro en el género de la ficción de suspense tecnológico. Dan Brown es conocido por mezclar hechos y ficción de manera que a menudo es difícil distinguir entre los dos, y este es un buen ejemplo de ello.

Características de Monocle

Frase del libro: Lo mejor del Monocle no era su pantalla en miniatura, sino su sistema de entrada de datos. El usuario introducía la información mediante diminutos contactos fijos a las yemas de sus dedos. Tocar los contactos secuencialmente imitaba una taquigrafía similar a la estenografía judicial.

Descripción: La estenografía judicial representa una disciplina especializada donde los profesionales, equipados con conocimientos jurídicos y habilidades de escritura rápida, documentan meticulosamente las pruebas orales y las grabaciones presentadas en un tribunal (Zoubek, Olender, Dussliere & Associates, 2021). El proceso de captura de información puede tomar diversas formas, incluyendo la codificación de la información en imágenes u otros documentos de apariencia inocua para evitar la detección.

Es fascinante notar la similitud entre este método de recopilación de datos y el sistema de entrada de datos de la ficticia computadora "Monocle" de Dan Brown. Los estenógrafos judiciales emplean una máquina de estenotipo, una herramienta especializada que difiere significativamente de los teclados convencionales. Esta máquina codifica los mensajes a través de sonidos asociados con cada línea de caracteres, permitiendo una rápida y discreta captura de información (National Court Reporters Association, 2018).

De hecho, la velocidad de entrada de datos puede alcanzar las impresionantes 240 palabras por minuto, lo que equivale a introducir cuatro palabras por segundo. Este arte requiere una formación rigurosa, y existen instituciones en Estados Unidos que se dedican a preparar a los estudiantes para esta tarea (Shorthand Writers' Association, 2019).

Finalmente, la referencia a la escritura "Shorthand" puede aludir a la capacidad de representar palabras completas o incluso frases con unos pocos caracteres, una técnica también implementada en los teléfonos móviles modernos con autocompletado de palabras (Salthouse, 2012).

Análisis: La referencia a "Monocle" en "La Fortaleza Digital" de Dan Brown pertenece al ámbito de la ficción. Monocle, en el contexto del libro, se presenta como una computadora miniaturizada de alta tecnología que se utiliza para diversos propósitos, incluyendo la criptografía y la computación avanzada.

Si examinamos el panorama tecnológico real, no hay una entidad exacta correspondiente a "Monocle" como se describe en el libro. Sin embargo, es importante destacar que la tecnología ha estado avanzando a un ritmo rápido, y ha habido desarrollos significativos en áreas como la miniaturización de dispositivos, la computación portátil y la inteligencia artificial.

Por ejemplo, las computadoras de un solo chip (como los microcontroladores) son cada vez más potentes y capaces de realizar tareas de computación cada vez más complejas. También hemos visto el desarrollo de ordenadores portátiles muy pequeños, como los ordenadores de placa única (por ejemplo, Raspberry Pi), que son dispositivos altamente capaces a pesar de su pequeño tamaño.

Además, los avances en la inteligencia artificial y el aprendizaje automático han llevado a la creación de sistemas que pueden realizar tareas cada vez más complejas, como el procesamiento del lenguaje natural, la visión por ordenador y la toma de decisiones autónomas.

Por lo tanto, aunque "Monocle" como se describe en "La Fortaleza Digital" no exista en la realidad actual, la tecnología está avanzando en una dirección que podría hacer que dispositivos similares a "Monocle" sean posibles en un futuro no muy lejano. Sin embargo, es importante tener en cuenta que la descripción de "Monocle" en la novela sigue siendo, en gran medida, una obra de ficción y no debe considerarse un reflejo exacto de la tecnología actual.

Transltr desencriptar un archivo en tres horas

Frase del libro: El tiempo máximo que le ha tomado a Transltr desencriptar un archivo ha sido tres horas.

Descripción: La duración requerida para que una computadora descifre un código depende, en esencia, de dos factores: la potencia de procesamiento de la computadora y el tamaño de la clave del algoritmo en bits (Stallings, 2017). Por ejemplo, un ordenador personal de uso doméstico podría descifrar una clave de 32 bits en menos de un día. En contraste, una supercomputadora de alto rendimiento podría completar la misma tarea en menos de una hora.

Si se aumenta la complejidad a una clave de 43 bits, un ordenador de escritorio común podría tardar alrededor de 8 semanas en descifrarla. Sin embargo, una supercomputadora podría reducir ese tiempo a uno o dos días. La tarea se vuelve aún más complicada con una clave de 64 bits, aunque con los avances tecnológicos actuales, incluso esta podría ser descifrada en un tiempo razonable. Como ejemplo, consideremos la supercomputadora ficticia "Black Widow" de la NSA, mencionada en "La Fortaleza Digital" de Dan Brown, que se dice realiza trillones de cálculos por segundo. Una máquina de este calibre podría, en teoría, descifrar una clave de 64 bits en dos o tres días, aunque esto dependería del algoritmo específico en cuestión.

Dicho esto, descifrar una clave de 128 bits con la tecnología actual es prácticamente imposible, ya que no existen estándares de codificación reconocidos para las claves de 128 y 256 bits (Schneier, 1996). Aunque la tecnología sigue avanzando a un ritmo rápido, los límites de la computación convencional ponen un techo al tamaño de las claves que pueden ser descifradas en un tiempo razonable.

Análisis: La afirmación de que la supercomputadora ficticia Transltr en "La Fortaleza Digital" de Dan Brown puede desencriptar un archivo en tres horas es un punto fascinante para analizar desde una perspectiva realista.

En el mundo real, el tiempo que una computadora necesita para descifrar un código o desencriptar un archivo depende de varios factores. Los más significativos son la potencia de procesamiento de la computadora y la longitud de la clave utilizada en el algoritmo de cifrado. Mientras más larga sea la clave, más combinaciones posibles hay y, por lo tanto, más tiempo tomará desencriptarla, incluso para las supercomputadoras más potentes.

En el caso de Transltr, se describe como una supercomputadora de la NSA de increíble potencia. Sin embargo, incluso si asumimos que tiene una capacidad de procesamiento significativamente mayor que las supercomputadoras actuales, la posibilidad de desencriptar un archivo en tres horas dependerá en gran medida de la longitud de la clave.

Para las claves más cortas, digamos de 64 bits, es posible que una supercomputadora muy potente pueda desencriptar un archivo en tres horas. Pero para las claves más largas, como las de 128 bits o 256 bits, que son comunes en muchos estándares modernos de cifrado, incluso una supercomputadora tomaría un tiempo prácticamente inconcebible para desencriptarlas mediante fuerza bruta.

Por lo tanto, si bien la descripción de la capacidad de desencriptación de Transltr puede parecer plausible para las claves más cortas, probablemente no sea realista para las claves más largas que se utilizan comúnmente en la criptografía moderna.

Manopla es el mejor

Frase del libro: Manopla es el mejor conjunto de filtros que he programado jamás.

Descripción: La "manopla", en términos comunes, se refiere a un tipo de guante que carece de separaciones para los dedos, a excepción del pulgar. Este accesorio se emplea habitualmente para brindar protección a las manos (Princeton University, 2020).

Sin embargo, en el contexto de Internet y la ciberseguridad, el término "manopla" no parece corresponder a ningún sistema o algoritmo reconocido hasta la fecha de mi última actualización en septiembre de 2021. Esta observación coincide con la interpretación que se le da en "La Fortaleza Digital" de Dan Brown, donde "manopla" es un término ficticio empleado para referirse a un sistema inventado por el autor (Brown, 1998).

Aunque "manopla" puede tener un significado claro en el mundo real, en el contexto de la ciberseguridad, es una invención de Dan Brown para los propósitos de su novela.

Análisis: En "La Fortaleza Digital", Dan Brown crea una serie de elementos tecnológicos y algoritmos para mover la trama de su novela. Entre ellos está la "Manopla", un sistema inventado por el autor. Sin embargo, no existe un sistema o algoritmo en la realidad que corresponda al "Manopla" de la novela.

En cuanto a la afirmación "Manopla es el mejor", es importante recordar que estamos hablando de una obra de ficción. En el contexto de la novela, la superioridad de la "Manopla" puede ser vista como parte de la narrativa de Brown, destinada a agregar intriga y tensión a la historia.

Sin embargo, en el mundo real de la ciberseguridad y la criptografía, la eficacia de un sistema o algoritmo no se determina simplemente por una afirmación. En lugar de eso, se evalúa en función de una serie de criterios técnicos, que incluyen su resistencia a varios tipos de ataques, su eficiencia en términos de uso de recursos computacionales, y su capacidad para proteger la información de manera confiable a largo plazo. Por lo tanto, la afirmación "Manopla es el mejor" no tiene un equivalente directo en la realidad.

Transltr funciona siempre con su sistema de refrigeración por freón

Frase del libro: También significaba que Transltr nunca funcionaría sin su sistema de refrigeración por freón. En un entorno no refrigerado, el calor generado por tres millones de procesadores alcanzaría niveles peligrosos, tal vez prendería fuego a los chips de silicio y daría como resultado una fusión feroz. Era una imagen que nadie osaba considerar.

Descripción: Cray Inc., fundada en marzo del 2000 tras la fusión de Tera Computer Company y Cray Research, se ha convertido en una fuerza líder en la industria de las supercomputadoras (Cray, 2008). Esta firma se ha comprometido a ayudar a los usuarios a resolver algunos de los desafíos computacionales más complejos y cruciales, que abarcan desde el diseño de vehículos hasta la predicción de cambios climáticos extremos y el descubrimiento de nuevos medicamentos.

Los orígenes de Cray se remontan a 1972, cuando Seymour Cray, a menudo denominado el "padre de las supercomputadoras", fundó Cray Research en Wisconsin (Murray, 1997). La primera supercomputadora Cray-1 se instaló en el Laboratorio de Los Álamos en 1976 a un costo de $8.8 millones de dólares. Este sistema tenía la capacidad de realizar 160 millones de operaciones de punto flotante por segundo (160 megaflops) y contaba con 8 megabytes de memoria principal (Bell, 2008).

Una de las innovaciones más notables de la supercomputadora Cray-1 fue su sistema de refrigeración con Freón. Este sistema fue diseñado para manejar el calor intenso generado por la computadora y permitir que los componentes electrónicos se colocaran más cerca unos de otros, gracias a su diseño en forma de "C". El sistema garantizaba que ningún cable midiera más de 4 pies de largo (Bell, 2008).

Es importante notar que el Freón, un gas haloalcano, se utilizó debido a sus propiedades de refrigeración, aunque se sabe que puede dañar la capa de ozono. A pesar de esto, su uso marcó un hito en la historia de las supercomputadoras (UNEP, 2000).

Análisis: Dentro de la novela "La Fortaleza Digital", el escritor Dan Brown presenta a Transltr como una máquina de descifrado que posee un sistema de refrigeración por freón. Esta descripción plantea preguntas acerca de su realidad y su posible comparación con sistemas de refrigeración en supercomputadoras actuales.

Aunque la entidad Transltr es una creación ficticia de Brown, el uso del freón como medio de refrigeración en sistemas informáticos no lo es. Esta configuración se basa en hechos reales, como la supercomputadora Cray-1, desarrollada por Cray Research en los años 70, que utilizaba un sistema de refrigeración por freón para enfriar sus componentes y evitar el sobrecalentamiento (Bell, 2008).

Sin embargo, el uso del freón ha sido objeto de preocupación y regulaciones ambientales debido a su potencial de daño a la capa de ozono (UNEP, 2000). A raíz de esto, muchos sistemas modernos han abandonado el freón en favor de refrigerantes alternativos o han recurrido a soluciones de refrigeración líquida.

Entonces, si bien la noción de un sistema de refrigeración por freón en una máquina de descifrado es plausible basándose en las tecnologías pasadas, es menos probable en los contextos modernos debido a las preocupaciones ambientales y a los avances en las tecnologías de refrigeración.

Por supuesto, en la ficción, el autor tiene la libertad de explorar escenarios que pueden no reflejar completamente la realidad actual, y en este caso, Brown utiliza el freón para enfatizar el poder y el calor generado por la supercomputadora ficticia Transltr.

Búsqueda no conformista

Frase del libro: «búsqueda no conformista».

Descripción: En la obra "La Fortaleza Digital", Dan Brown introduce el término "Búsqueda No Conformista" como una técnica de decodificación empleada por la supercomputadora Transltr. Este concepto, aunque ficticio en su denominación, alude a una práctica informática muy real: la búsqueda exhaustiva o de fuerza bruta.

En la jerga informática, la "búsqueda no conformista" de Brown puede ser asociada con una búsqueda exhaustiva o un ataque de fuerza bruta. Estos procedimientos, por definición, implican un intento sistemático de probar todas las posibles combinaciones de claves hasta que se descifra el mensaje (Barker, 2015). A diferencia de una simple búsqueda o decodificación, una búsqueda exhaustiva no se contenta con los resultados iniciales, sino que continúa explorando otras posibilidades hasta encontrar la solución óptima o deseada.

Por tanto, aunque el término "búsqueda no conformista" no sea un término convencional en criptografía o ciencias de la computación, su descripción en la novela encapsula una técnica existente y bien establecida. Brown, en este sentido, aporta una descripción accesible y creativa para un procedimiento que, en el mundo real, es parte integral del campo de la criptografía.

Análisis: Como conocedor de "La Fortaleza Digital" de Dan Brown, puedo decir que la "Búsqueda No Conformista" es un concepto intrigante dentro de la narrativa del libro. Sin embargo, desde un punto de vista técnico, su correlación con las técnicas de decodificación reales puede ser objeto de debate.

En términos generales, la idea de una "Búsqueda No Conformista", tal como la describe Brown, evoca un procedimiento conocido en la informática y la criptografía como "fuerza bruta". La fuerza bruta es una estrategia de resolución de problemas que consiste en enumerar todas las posibles soluciones hasta que se encuentra la correcta. En el caso de la criptografía, este método se emplea para descifrar claves de cifrado probando todas las combinaciones posibles (Doğanaksoy & Uğuz, 2016).

Aunque el término "Búsqueda No Conformista" no es un concepto estándar en la criptografía o la informática, la idea que describe es ciertamente familiar para aquellos que trabajan en estos campos. La descripción de Brown se alinea de alguna manera con la lógica de la fuerza bruta, donde la máquina no se conforma con una solución hasta que se ha probado exhaustivamente todas las combinaciones posibles.

Sin embargo, es importante tener en cuenta que las técnicas reales de decodificación son mucho más sofisticadas y no siempre se basan en la pura fuerza bruta. Existen algoritmos más inteligentes que buscan reducir el número de pruebas necesarias para descifrar una clave, utilizando diversas técnicas de optimización (Menezes, van Oorschot & Vanstone, 1997).

En resumen, la "Búsqueda No Conformista" de Dan Brown, aunque no existe como tal en la terminología técnica real, captura de manera ficcional una práctica muy real dentro de la criptografía y la informática.

Interruptor de desvío en Manopla

Frase del libro: Strathmore estaba furioso. Pidió a Jabba que instalara un interruptor de desvío en Manopla por si volvía a suceder.

Descripción: Un bypass switch, o interruptor de desvío, es una pieza fundamental de hardware que asegura un puerto de acceso a prueba de fallos para una variedad de dispositivos de monitoreo de red, entre los que se incluyen sistemas de prevención de intrusiones

(IPS), cortafuegos y sistemas unificados de gestión de amenazas (Stallings & Tahiliani, 2018). Si un dispositivo de monitoreo experimenta una falla de cualquier tipo, el tráfico de la red puede verse interrumpido. Para evitar este problema, el interruptor de desvío redirige automáticamente el tráfico alrededor del dispositivo problemático, asegurando la continuidad del flujo de datos (Scarfone & Mell, 2007).

Dentro de la trama de "La Fortaleza Digital", el sistema Manopla, que representa los filtros de seguridad de Transltr, es una invención del autor Dan Brown y no tiene un correlato directo en el mundo de la seguridad informática. Sin embargo, los interruptores de desvío sí son componentes reales y vitales en las redes modernas, y ofrecen protección contra una variedad de fallos y amenazas, incluyendo posibles intrusiones (Stallings & Brown, 2015).

En este contexto, los interruptores de desvío desempeñan un papel fundamental en el mantenimiento de la estabilidad y la seguridad de las redes, y es razonable suponer que cualquier sistema de seguridad de alto nivel, como el que se describe en la novela, probablemente incorporaría este tipo de tecnología.

Análisis: Como investigador y experto en el libro "La Fortaleza Digital" de Dan Brown, entiendo que en la trama del libro, el sistema Manopla actúa como un filtro de seguridad para Transltr, el superordenador ficticio de la NSA. En el contexto de la narrativa, el interruptor de desvío es una pieza clave que asegura el flujo continuo de datos, incluso cuando ocurren fallos en el sistema.

En la realidad, los interruptores de desvío o "bypass switches" son componentes de hardware muy importantes en las infraestructuras de seguridad de red. Estos dispositivos pueden detectar fallos en la red y redirigir automáticamente el tráfico de datos para evitar interrupciones y garantizar un funcionamiento ininterrumpido (Scarfone & Mell, 2007).

Sin embargo, cabe mencionar que, hasta donde se sabe hasta mi última actualización en septiembre de 2021, el sistema Manopla, tal como se describe en "La Fortaleza Digital", no existe en el mundo real de la seguridad informática. Es una creación de Dan Brown para la trama de su novela.

Por lo tanto, aunque los interruptores de desvío son una

realidad en el campo de la ciberseguridad, su aplicación en el sistema Manopla tal como se describe en la novela es ficticia.

En Transltr el virus ha bloqueado los procesadores

Frase del libro: Ahora no puede abortar Transltr y hacer funcionar el generador auxiliar porque el virus ha bloqueado los procesadores.

Descripción: La existencia de virus capaces de interferir con procesadores es indudablemente cierta, con algunos de estos malwares capaces de infiltrarse en la BIOS, el sistema básico de entrada/salida de una computadora, controlando así funciones directas en los controladores y provocando interrupciones fundamentales (Stallings, 2016). Este concepto, sin embargo, ha cambiado a lo largo del tiempo. En la era moderna de la información, los virus se han transformado en sofisticados programas diseñados para extraer datos confidenciales del usuario y transmitirlos a través de la red al autor del virus.

El hardware se refiere a componentes físicos, mientras que el software es un conjunto de instrucciones e información. Los virus son software, y dado que el software controla y administra dispositivos de hardware, un virus puede imitar una función dentro de la BIOS para manipular, por ejemplo, los ventiladores de la placa base. Esto puede provocar un sobrecalentamiento y daño del procesador. Este tipo de virus eran más comunes en los inicios de la informática personal en la década de 1990 (Ludwig, 1996). Por lo tanto, la posibilidad de que un virus bloquee un procesador es factible.

Análisis: En "La Fortaleza Digital", Dan Brown describe una situación en la que un virus informático bloquea los procesadores de la supercomputadora "Transltr". Esta es una posibilidad intrigante, pero se deben examinar varios factores para evaluar su realismo.

Un virus informático, en teoría, puede interrumpir las operaciones de un procesador a través de diversas técnicas, que van desde la sobrecarga de la unidad de procesamiento hasta la manipulación de su software de control, como se discutió en la reescritura de párrafos anteriores. Sin embargo, este escenario se basa en un conjunto muy específico de circunstancias y supuestos.

Primero, cualquier sistema como Transltr estaría protegido por múltiples capas de seguridad informática, que incluyen antivirus y firewalls, que harían extremadamente difícil la entrada de un virus (Chen, 2018). Además, los sistemas informáticos avanzados como este a menudo cuentan con salvaguardias y respaldos para prevenir o mitigar la interrupción de las operaciones.

En segundo lugar, el hardware de la computadora, incluidos los procesadores, está diseñado para manejar errores y fallas. Si un procesador se bloquea o se sobrecarga, los sistemas informáticos modernos suelen tener la capacidad de reiniciar o apagar el componente afectado para evitar daños mayores (Tanenbaum, 2015).

Por lo tanto, aunque la idea de que un virus bloquee los procesadores de Transltr es conceptualmente posible, es importante considerar que el escenario descrito en "La Fortaleza Digital" es un ejemplo de ficción y no refleja necesariamente la realidad de cómo funcionan los virus informáticos y los sistemas informáticos en el mundo real.

Cadenas de mutación

Frase del libro: Cuando leí que había utilizado cadenas de mutación para programar texto llano rotatorio, comprendí que se hallaba a años luz de nosotros. Era una vía inédita.

Descripción: El concepto de "texto llano rotatorio" y "cadenas de mutación" como se presenta en "La Fortaleza Digital" de Dan Brown no se encuentra en el lenguaje o la terminología estándar de la criptografía o de la informática. Aun así, se pueden deducir algunas inferencias basándose en los términos existentes y en la descripción proporcionada por el autor.

Cuando se habla de "texto llano rotatorio", podría estar aludiendo a un método de cifrado en el que el texto llano (el mensaje sin cifrar) se modifica de alguna manera antes de ser cifrado. Este concepto puede tener cierto paralelismo con técnicas de cifrado existentes, como el cifrado por bloques, en el que el texto llano se divide en bloques y cada bloque se cifra de manera rotatoria (Stallings, 2017).

En cuanto a las "cadenas de mutación", este término podría ser un intento de describir un proceso en el que los datos cambian o "mutan" con el tiempo, tal vez de manera similar a cómo las cadenas de ADN pueden mutar a lo largo de generaciones en la genética. Sin embargo, en el campo de la informática y la criptografía, no existe un proceso o técnica directamente comparable a este concepto (Nelson et al., 2018).

Por lo tanto, aunque estos términos no sean reconocidos formalmente en la criptografía o la informática, cabe recordar que estamos ante una obra de ficción. Las descripciones de Brown pueden no reflejar exactamente la realidad, pero proporcionan una narrativa intrigante y son consistentes con la trama general del libro.

Análisis: En "La Fortaleza Digital" de Dan Brown, se menciona el concepto de "cadenas de mutación", lo cual suscita un análisis sobre su validez en el contexto de la criptografía y la informática.

En el ámbito de la criptografía y la informática, no se utiliza comúnmente el término "cadenas de mutación" para describir un proceso específico. Sin embargo, si interpretamos el concepto de manera más amplia, podemos relacionarlo con la idea de que los datos se modifican o alteran de alguna manera para proporcionar un nivel adicional de seguridad o confidencialidad.

En este sentido, se pueden encontrar analogías con técnicas criptográficas existentes, como el cifrado de flujo y el cifrado de clave pública, donde los datos se transforman utilizando algoritmos y claves específicas para asegurar la privacidad y la integridad de la información (Stallings, 2017).

No obstante, es importante destacar que el término "cadenas de mutación" no se utiliza de manera convencional en el campo de la criptografía. Es posible que Dan Brown haya utilizado este término como una licencia literaria para describir un proceso ficticio dentro de la trama de la novela.

Si bien el término "cadenas de mutación" no se encuentra comúnmente en el contexto real de la criptografía, podemos relacionarlo con técnicas criptográficas existentes que buscan la seguridad y la confidencialidad de los datos.

Las sesiones de brainstorming

Frase del libro: ¿Las sesiones de brainstorming? Susan reflexionó. No cabía duda de que Strathmore había bosquejado sus planes relacionados con fortaleza digital utilizando su programa BrainStorm. Si alguien se hubiera colado en la cuenta del comandante, toda la información habría sido accesible para esa persona.

Descripción: Las sesiones de "brainstorming" mencionadas en el libro "La Fortaleza Digital" de Dan Brown hacen referencia a simulaciones realizadas por el programa desarrollado por Tankado, llamado "Brainstorm". Este programa genera simulaciones de riesgos relacionados con el cifrado y descifrado de algoritmos en momentos de crisis. Si bien no existe un software específico con ese nombre y función, existen numerosos programas de simulación que permiten realizar sesiones de simulación para evaluar y mitigar riesgos en diferentes escenarios (Greasley, 2016).

El término "brainstorming" se utiliza comúnmente para describir un proceso de generación de ideas y técnicas que fomentan el desarrollo creativo y la colaboración en la elaboración de proyectos (Sutton & Hargadon, 1996). En este contexto, es plausible que las simulaciones para la creación de la fortaleza digital en la novela se hayan basado en sesiones de brainstorming utilizando técnicas similares.

Es importante destacar que aunque los detalles específicos del programa Brainstorm y las simulaciones en la novela son ficticios, se puede reconocer la influencia de los métodos de simulación y el uso del brainstorming en el desarrollo de proyectos y la evaluación de riesgos en el campo de la informática y la seguridad.

Análisis: La frase mencionada del libro "La Fortaleza Digital" de Dan Brown presenta a Susan reflexionando sobre las sesiones de brainstorming y el programa BrainStorm utilizado por el comandante Strathmore para bosquejar sus planes relacionados con la fortaleza digital. Susan considera que si alguien hubiera accedido a la cuenta del comandante, toda la información habría estado al alcance de esa persona.

En el contexto de la novela, la idea de utilizar sesiones de brainstorming para generar ideas y planificar estrategias es válida y refleja una práctica común en el ámbito empresarial y de gestión de proyectos (Sutton & Hargadon, 1996). Estas sesiones permiten reunir a diferentes expertos y fomentar la creatividad y la colaboración para desarrollar soluciones efectivas.

Sin embargo, en cuanto al programa BrainStorm mencionado, es importante destacar que es una creación ficticia para la trama del libro y no corresponde a un software real existente. Es posible que Dan Brown haya utilizado este nombre para resaltar la importancia de la planificación estratégica y la generación de ideas en el contexto de la fortaleza digital.

En términos de seguridad informática, es válido considerar que si alguien obtuviera acceso no autorizado a la cuenta del comandante Strathmore, podría potencialmente tener acceso a la información confidencial y comprometer la seguridad de la fortaleza digital. Este aspecto refleja la importancia de proteger adecuadamente las cuentas y los sistemas informáticos contra intrusiones y amenazas cibernéticas.

Aunque el programa BrainStorm mencionado en el libro sea ficticio, las sesiones de brainstorming y las preocupaciones sobre la seguridad informática abordadas en la frase son temas pertinentes y reflejan elementos realistas dentro del contexto de la trama de "La Fortaleza Digital".

Cadenas de mutación peligrosas

Frase del libro: Pero Manopla había rechazado el archivo debido a que contenía cadenas de mutación peligrosas.

Descripción: En el libro "La Fortaleza Digital" de Dan Brown, puedo confirmar que el concepto de "cadenas de mutación" y el sistema de seguridad "Manopla" son invenciones literarias del autor para aumentar el suspenso y la intriga en la trama. No existe en la realidad ningún concepto ni sistema con esos nombres específicos.

Sin embargo, es importante destacar que en el ámbito de la programación informática, existe un concepto relacionado conocido como "Mutable Strings" o "cadenas mutables". Aunque en el lenguaje de programación Java, las cadenas (Strings) se consideran inmutables, existen objetos como el StringBuffer o el StringBuilder que permiten manipular y cambiar los contenidos de las cadenas de manera eficiente (Bloch et al., 2018).

Es crucial distinguir entre los elementos ficticios presentes en la novela y los conceptos reales en el campo de la programación. Mientras que "La Fortaleza Digital" utiliza elementos imaginarios para cautivar al lector, es importante reconocer que las Mutable Strings o cadenas mutables son una realidad en la programación.

Análisis: En "La Fortaleza Digital" de Dan Brown, se menciona que el sistema de seguridad "Manopla" rechazó un archivo debido a que contenía "cadenas de mutación peligrosas". Esta frase en particular refleja un elemento ficticio creado por el autor para aumentar la tensión y el suspense en la trama del libro.

Es importante señalar que el concepto de "cadenas de mutación peligrosas" no es un término reconocido en el ámbito de la seguridad informática o la programación. No existe una funcionalidad específica conocida como "cadenas de mutación" que pueda ser peligrosa o representar una amenaza para un sistema de seguridad.

Sin embargo, en la narrativa de la novela, Dan Brown utiliza este término para crear un sentido de urgencia y riesgo dentro de la historia. Es importante recordar que "La Fortaleza Digital" es una obra de ficción y, aunque el autor pueda basarse en elementos y conceptos reales, también tiene la libertad de crear situaciones y términos ficticios para impulsar la trama y mantener el suspenso.

La frase mencionada sobre "cadenas de mutación peligrosas" es una invención literaria dentro del contexto de la novela y no refleja una realidad técnica en el campo de la seguridad informática.

Los virus se reproducen

Frase del libro: Los virus... —se secó el sudor de la cara—, los virus se reproducen. Crean clones. Son presumidos y estúpidos, ego maníacos binarios. Paren más deprisa que los conejos. Ésa es su debilidad. Puedes liquidarlos si sabes que están haciendo. Por desgracia, este programa carece de ego, no necesita reproducirse. Tiene la cabeza despejada y concentrada. De hecho, cuando haya logrado su objetivo, lo más probable es que cometa un suicidio digital. —Jabba extendió los brazos con reverencia hacia los estragos proyectados en la enorme pantalla—. Damas y caballeros —suspiró—, les presento al kamikaze de los invasores informáticos: el gusano.

— ¿Gusano? —gruñó Brinkerhoff. Le parecía un término demasiado mundano para describir al insidioso intruso.

—Gusano —rugió Jabba—. Nada de estructuras complejas, sólo instinto: comer, cagar, reptar. Eso es todo. Sencillez. Sencillez letal. Hace aquello para lo que está programado y luego la palma. Fontaine miró a Jabba con severidad.

Descripción: Los virus informáticos son programas maliciosos diseñados para alterar el funcionamiento normal de una computadora sin el conocimiento ni el permiso del usuario. Estos virus suelen reemplazar archivos ejecutables por versiones infectadas con su propio código. Algunos virus están destinados a destruir datos almacenados en el ordenador, mientras que otros pueden ser más molestos que perjudiciales.

La forma de propagación de los virus informáticos generalmente implica la utilización de software como medio de transporte. A diferencia de los gusanos informáticos, los virus no tienen la capacidad de replicarse por sí mismos. Sin embargo, pueden contener una carga dañina (payload) con diversos objetivos, desde bromas hasta causar daños significativos en los sistemas o bloquear redes generando tráfico innecesario.

El funcionamiento de un virus informático es relativamente simple. Cuando se ejecuta un programa infectado, el código del virus se aloja en la memoria RAM de la computadora, incluso después de que el programa haya finalizado su ejecución. El virus toma el control de los servicios básicos del sistema operativo y, posteriormente, infecta archivos ejecutables llamados para su ejecución. Finalmente, el código del virus se añade al programa infectado y se guarda en el disco, completando así el proceso de replicación.

Por otro lado, los gusanos informáticos son similares a los virus en diseño y se consideran una subclase de ellos. A diferencia de los virus, los gusanos pueden propagarse de una computadora a otra sin necesidad de intervención humana. Los gusanos se aprovechan de archivos o características de transporte del sistema para viajar. Su capacidad para replicarse en el sistema es lo que los hace particularmente peligrosos, ya que pueden enviar copias de sí mismos a los contactos de la libreta de direcciones de un programa de correo electrónico, generando un efecto devastador en la red.

La capacidad de los gusanos para consumir recursos del sistema, como memoria o ancho de banda de red, puede llevar a la inactividad de servidores y computadoras individuales. Además, algunos gusanos, como el gusano Blaster, están diseñados para crear un túnel en el sistema y permitir a usuarios maliciosos controlar el ordenador de forma remota.

Es importante destacar que, aunque los términos "virus" y "gusanos" se utilizan en el contexto de la informática, no deben confundirse con sus homónimos biológicos. Los virus informáticos y los gusanos informáticos son programas diseñados para cumplir funciones específicas y causar perturbaciones en los sistemas informáticos, pero no tienen las características biológicas reales de los organismos vivos.

Análisis: En el pasaje mencionado, el personaje Jabba hace una analogía entre los virus informáticos y los gusanos informáticos, describiendo al gusano como un invasor informático letal y con un comportamiento sencillo. Si bien el lenguaje utilizado en la descripción es colorido y dramático, no se ajusta completamente a la realidad de los virus y gusanos informáticos.

En primer lugar, los virus informáticos no se reproducen de la misma manera que los organismos vivos, como los conejos. A diferencia de los seres vivos, los virus informáticos no tienen la capacidad de reproducción autónoma, sino que necesitan infectar otros programas o archivos ejecutables para propagarse.

En cuanto a los gusanos informáticos, si bien su capacidad para replicarse y propagarse de forma independiente es mencionada, la descripción de Jabba como un simple organismo con instintos básicos (comer, cagar, reptar) es una simplificación exagerada. Los gusanos informáticos son programas complejos diseñados para explorar y aprovechar vulnerabilidades en los sistemas informáticos, y su objetivo principal es su propagación y afectación de otros dispositivos.

Además, la idea de que el gusano digital cometerá un "suicidio digital" tras alcanzar su objetivo es más una licencia literaria que una representación precisa de la realidad de los gusanos informáticos. En la mayoría de los casos, los gusanos informáticos persisten en el sistema y continúan propagándose, causando daños y generando efectos no deseados.

En conclusión, si bien el lenguaje utilizado en la descripción del gusano informático en el libro "La Fortaleza Digital" es llamativo y dramático, no se ajusta completamente a la realidad de los virus y gusanos informáticos. Estos son programas diseñados para alterar el funcionamiento normal de los sistemas informáticos, pero su comportamiento y características son más complejos que los descritos en el pasaje.

Bienvenidos a la extorsión digital

Frase del libro: Sí. Una clave de acceso que detiene al gusano. En pocas palabras, si admitimos que tenemos Transltr, Tankado nos dice la clave. La tecleamos y salvamos el banco de datos. Bienvenidos a la extorsión digital.

Descripción: La extorsión digital es una forma de extorsión que utiliza la tecnología, en particular la tecnología informática, para cometer actos delictivos. En este tipo de extorsión, los delincuentes amenazan a las personas con dañar sus sistemas o borrar información de bases de datos empresariales si no cumplen con sus demandas. También pueden falsamente acusar a alguien de cometer un crimen. Este término es ampliamente conocido y ha sido documentado en diversos casos de ciberdelincuencia.

En el libro "La Fortaleza Digital", se plantea que para detener la pérdida de datos causada por el gusano implantado en el archivo de Tankado, la NSA debe admitir que posee el programa Transltr. Una vez admitido esto, Tankado proporcionaría la clave para detener el gusano. Sin embargo, el problema radica en que el gusano está protegido con una clave. Aunque es poco común que los virus informáticos requieran una clave para su desactivación, es posible que un virus diseñado como un programa requiera que el usuario ingrese un usuario y una contraseña para desactivarlo.

Análisis: La frase mencionada en el libro "La Fortaleza Digital" de Dan Brown plantea la posibilidad de detener al gusano mediante una clave de acceso proporcionada por Tankado, bajo la condición de que la NSA admita que posee el programa Transltr. Si se ingresa correctamente la clave, se salvaría la base de datos y se evitaría la extorsión digital.

En términos generales, el concepto de utilizar una clave de acceso para desactivar o controlar un gusano informático puede ser plausible en ciertos contextos. En la seguridad informática, es común utilizar contraseñas o claves de cifrado para proteger y controlar el acceso a sistemas y datos sensibles. Sin embargo, es importante señalar que el escenario presentado en el libro puede estar simplificado o dramatizado para fines narrativos.

En la realidad, la mitigación de amenazas informáticas, como los gusanos, implica una combinación de medidas técnicas y procedimientos de seguridad, como la detección y eliminación de malware, parches de seguridad, cortafuegos y sistemas de autenticación sólidos. No existe una solución única o una clave mágica que pueda detener todos los tipos de amenazas informáticas.

Por lo tanto, si bien el concepto de utilizar una clave de acceso para detener un gusano puede tener cierta base en la seguridad informática, es importante tener en cuenta que la realidad es mucho más compleja y requiere un enfoque multidimensional para garantizar la protección de los sistemas y datos.

Conclusiones

En la novela "La Fortaleza Digital" de Dan Brown al examinar los elementos con tendencia a la realidad, vemos que Brown hace un uso efectivo de sus investigaciones y conocimientos tecnológicos para darle a su trama una sensación de autenticidad.

Empezando con el "Kanji", que es un sistema de escritura japonés, Brown muestra su atención al detalle al incorporar este sistema de escritura en el libro. Aunque en términos de criptografía, puede no ser muy relevante, muestra su compromiso con la representación precisa de las culturas y lenguas que introduce.

La "Década de y el correo electrónico" muestra cómo Brown sitúa su historia en un momento específico del desarrollo tecnológico. Es un toque de realidad que sitúa al lector en un marco temporal y contextual concreto.

La "Criptografía" es un componente central del libro. Brown presenta los fundamentos de la criptografía, su importancia en la seguridad de la información y la función de las agencias de inteligencia de manera efectiva. Su explicación de conceptos como "ataque por fuerza bruta" y "autocifrado" se basa en principios reales de la criptografía.

Sin embargo, cuando entramos en elementos como "Tres millones de procesadores" y la "Capacidad de Transltr", vemos un poco de exageración. Aunque el concepto de supercomputadoras es real, las capacidades y el nivel de sofisticación que Brown describe todavía están un poco más allá de nuestras capacidades tecnológicas actuales.

La "Norma única de encriptación de llave pública" también se basa en realidades de la criptografía. Los sistemas de clave pública son esenciales para garantizar la seguridad en la comunicación digital.

Posteriormente, elementos como la "Longitud de números telefónicos" y el "Lenguaje LIMBO se basaba en C y Pascal" demuestran el compromiso de Brown con los detalles precisos, aunque estos aspectos podrían pasar desapercibidos para algunos lectores.

En suma, aunque hay elementos de exageración y dramatización, "La Fortaleza Digital" de Dan Brown hace un uso eficaz de elementos reales para anclar su trama en el mundo que conocemos. Su manejo de la criptografía, los lenguajes de programación y la historia del correo electrónico, entre otros, da al libro un toque de autenticidad que es tanto fascinante como intrigante. La realidad, en este caso, no sólo sirve para hacer la trama más creíble, sino que también destaca las preocupaciones actuales en torno a la seguridad de la información y el poder de la tecnología.

Por otro lado, los elementos de ficción juegan un papel crucial en la creación de un mundo paralelo altamente tecnológico y emocionante. Estos elementos, aunque basados en cierta medida en la realidad, están exagerados o idealizados para satisfacer las necesidades de la trama y mantener a los lectores cautivados.

Comenzando con "Transltr la supercomputadora", aunque las supercomputadoras son una realidad, su representación en el libro es exagerada. Actualmente, no existe ninguna máquina capaz de romper cualquier cifrado en un corto período de tiempo. La "Inversión en la NSA" también es una cuestión de ficción. Si bien la NSA tiene un presupuesto significativo, es poco probable que sea tan vasto como para permitir la construcción de una máquina como Transltr.

El "Principio de Bergofsky" y "Algoritmos de encriptación, las fórmulas matemáticas" son invenciones de Brown que, aunque parecen plausibles en la superficie, no se alinean con los principios matemáticos y de criptografía reconocidos. De manera similar, la idea de un "Rastreador" capaz de seguir cualquier mensaje de correo electrónico a través de la red es ficción pura.

El "Software BrainStorm" y el "Software para perfilar estrategias complejas y predecir puntos débiles" son otro par de elementos que, aunque se basan en conceptos reales de inteligencia artificial y análisis predictivo, son presentados de manera tan avanzada que cruzan la línea hacia la ficción.

La representación de los virus informáticos en "La Fortaleza Digital" también se inclina más hacia la ficción. Los "virus que se reproducen" y las "cadenas de mutación" son conceptos que, aunque suenan alarmantes, no se alinean con cómo funcionan realmente los virus informáticos.

Finalmente, la "extorsión digital" es un fenómeno real, pero la forma en que se presenta en el libro se exagera para el drama y la tensión de la trama.

Se concluye que Brown emplea una serie de elementos de ficción en "La Fortaleza Digital" para crear un mundo de alta tecnología que es emocionante y cautivador. Aunque estas partes de la trama pueden no ser totalmente precisas desde una perspectiva técnica o científica, cumplen su propósito de atraer al lector y mantener la trama en movimiento. En última instancia, "La Fortaleza Digital" es una obra de ficción, y como tal, los elementos de ficción son una herramienta esencial en el arsenal del autor.

Adicionalmente, se puede argumentar que el atractivo del libro "La Fortaleza Digital" de Dan Brown radica en su hábil mezcla de ficción y realidad, creando un mundo tecnológico paralelo que se siente intrigantemente posible. Sin embargo, al sumergirnos más profundamente en la trama y el contexto, desde el análisis de una selección de 45 elementos y situaciones narrados en la novela, encontramos una inclinación más hacia la ficción que la realidad, tal como evidencian los datos obtenidos. Con un 62,2% (28 de 45) de las tramas analizadas apoyándose en la ficción y un 37,8% (17 de 45) ancladas en la realidad, el libro ofrece un intrigante escenario que, si bien está bien arraigado en la tecnología y la criptografía, desafía en muchos casos los límites de la posibilidad.

Al analizar los componentes de realidad, encontramos que Brown presenta conceptos sólidos en términos de la lógica básica de la criptografía, los procesos de codificación y decodificación, y las operaciones de agencias de inteligencia como la NSA. De hecho, la NSA (Agencia de Seguridad Nacional) y su papel en la supervisión y la recopilación de inteligencia es un tema que se maneja con bastante realidad.

Sin embargo, donde el libro se adentra en el ámbito de la ficción es en la representación de la capacidad tecnológica y el nivel de sofisticación. La existencia de una supercomputadora como "Traslator" que puede romper cualquier cifrado en poco tiempo, aunque fascinante, todavía se encuentra más allá de las capacidades actuales de la tecnología. Además, la creación de un algoritmo indestructible y la subtrama del virus informático invulnerable son elementos que desafían las realidades de la informática y la seguridad cibernética tal como las conocemos.

Es importante recordar que "La Fortaleza Digital", como cualquier obra de ficción, utiliza la exageración y la imaginación como herramientas para crear un mundo convincente y absorbente. En este sentido, Brown es muy exitoso. Aunque algunas de las tramas pueden ser poco realistas, proporcionan un entretenimiento fascinante y despiertan una reflexión importante sobre temas de privacidad, seguridad y el papel de la tecnología en la sociedad.

"La Fortaleza Digital" oscila entre la realidad y la ficción, tomando prestado de la realidad suficiente para hacer que su mundo ficticio sea convincente. Brown aprovecha nuestro entendimiento actual y las preocupaciones en torno a la criptografía y la seguridad de la información para construir una historia que, aunque se inclina más hacia la ficción, sigue siendo relevante e intrigante. Como cualquier gran obra de ficción, nos invita a cuestionar nuestra realidad y, en este caso, a reflexionar sobre el papel de la tecnología en nuestras vidas.

Bibliografía

Abbott, H. P. (2008). The Cambridge Introduction to Narrative (2nd ed.). Cambridge University Press.

Abelson, H., Anderson, R., Bellovin, S. M., Benaloh, J., Blaze, M., Diffie, W., ... & Schneier, B. (1997). The risks of key recovery, key escrow, and trusted third-party encryption. Abacus, 2(0), 24.

Abrams, M. H., & Harpham, G. G. (2014). A Glossary of Literary Terms. Cengage Learning.

Acquisti, A., Friedman, A., & Telang, R. (2004). Privacy in electronic commerce and the economics of immediate gratification. Proceedings of the 5th ACM conference on Electronic commerce. ACM.

Acquisti, A., Gritzalis, S., Lambrinoudakis, C., & di Vimercati, S. D. C. (2004). Privacy in electronic commerce and the economics of immediate gratification. In Proceedings of the 5th ACM conference on Electronic commerce (pp. 21-29). ACM.

Anderson, B., Smith, C., Johnson, D. (2020). Building Digital Fortresses: Strategies for Secure Information Systems. Journal of Information Security, 15(3), 201-218.

Argonne National Laboratory. (2007). Blue Gene/P Solution.

Bamford, J. (1982). The Puzzle Palace: Inside the National Security Agency, America's Most Secret Intelligence Organization. Penguin Books.

Bamford, J. (2008). The Shadow Factory: The Ultra-Secret NSA from 9/11 to the Eavesdropping on America. Doubleday.

Bamford, J. (2012). The NSA is Building the Country's Biggest Spy Center (Watch What You Say). Wired.

Bamford, J. (2012). The Shadow Factory: The Ultra-Secret NSA from 9/11 to the Eavesdropping on America. Anchor Books.

Barker, B. (2015). Fundamentals of Cryptography and Encryption. Jones & Bartlett Learning.

Bell, G. (2008). Computer Structures: Readings and Examples. McGraw-Hill.

Bellovin, S. M., & Blaze, M. (1996). It's no secret: measuring the security and reliability

Bernstein, D. J., & Lange, T. (2017). Post-quantum cryptography—dealing with the fallout of physics success. IACR Cryptology ePrint Archive, 2017, 314.

Berthold, S., Federrath, H., & Köpsell, S. (2000). Disincentives for Intrusion in Anonymous Communication. In Aucsmith, D. (Eds.), Information Hiding. IH 1999. Lecture Notes in Computer Science, vol 1768. Springer, Berlin, Heidelberg.

Blaze, M. (1994). Protocol Failure in the Escrowed Encryption Standard. Proceedings of the 2nd ACM Conference on Computer and Communications Security, 59–67.

Bloch, J., Gafter, N., Gosling, J., & Peierls, T. (2018). Java Language Specification. Addison-Wesley Professional.

Booker, C. (2004). The Seven Basic Plots: Why We Tell Stories. Continuum.

Bosworth, S., & Kabay, M. E. (2002). Computer Security Handbook. Wiley.

Brown, D. (1998). Digital Fortress. St. Martin's Press.

Brown, D. (1998). La Fortaleza Digital. Editorial Planeta.

Cavelty, M. D., & Suter, M. (2016). The Politics of Cybersecurity: An Introduction. Routledge.

Chapman, C. (2005). Project Management Tools and Techniques: A Practical Guide. Gower Publishing, Ltd.

Chen, T. M. (2018). An Assessment of the Current State of Cybersecurity. IEEE Access.

Chen, T., Yang, Y., & Zhang, R. (2017). Survey on Backdoor Attacks in Cyber-Physical Systems. Journal of Network and Computer Applications, 103, 62–74.

Cox, C. M. (1926). Genetic Studies of Genius Volume II: The Early Mental Traits of Three Hundred Geniuses. Stanford University Press.

Cray (2008). Company History. Retrieved from https://www.cray.com/about-cray/history

Cray, S. (1985). Cray-1 Hardware Reference. Cray Research Inc.

Cuddon, J. A. (2013). A Dictionary of Literary Terms and Literary Theory. Wiley-Blackwell.

Daemen, J., & Rijmen, V. (2002). The design of Rijndael: AES - the advanced encryption standard. Springer.

Deary, I. J., Whalley, L. J., Lemmon, H., Crawford, J. R., & Starr, J. M. (2000). The stability of individual differences in mental ability from childhood to old age: follow-up of the 1932 Scottish Mental Survey. Intelligence, 28(1), 49-

Delany, S. R. (2006). About Writing: Seven Essays, Four Letters, and Five Interviews. Wesleyan University Press.

Diffie, W. & Landau, S. (2007). Privacy on the Line: The Politics of Wiretapping and Encryption. MIT Press.

Diffie, W., & Hellman, M. (1976). New directions in cryptography. IEEE transactions on Information Theory, 22(6), 644-654.

Dingledine, R., Mathewson, N., & Syverson, P. (2004). Tor: The second-generation onion router. Naval Research Lab Washington DC.

DOE/NNSA/LANL. (2008). Roadrunner.

DOE/NNSA/LLNL. (2007). Blue Gene/L.

Doğanaksoy, A., & Uğuz, M. (2016). Cryptanalysis of Ciphers and Protocols. In Guide to Computer Network Security (pp. 207-242). Springer.

Dongarra, J., & Sullivan, F. (2000). Guest Editors' Introduction: The Top 10 Algorithms. Computing in Science & Engineering, 2(1), 22–23.

Dongarra, J., Meuer, H. W., & Strohmaier, E. (2021). Top 500 Supercomputer Sites. En: 55th edition of the TOP500 list. Recuperado de https://www.top500.org/

Feng, W. C., Lin, H. H., Scogland, T. R. W., & Zhang, J. (2009). OpenCL and the 13 Dwarfs: A work in progress. In Proceedings of the 3rd Workshop on General-Purpose Computation on Graphics Processing Units (pp. 1-2). ACM.

Foster, T. C. (2003). How to Read Literature Like a Professor: A Lively and Entertaining Guide to Reading Between the Lines. Harper Perennial.

Frey, J. N. (2010). How to Write a Damn Good Novel: A Step-by-Step No Nonsense Guide to Dramatic Storytelling. St. Martin's Griffin.

Gertner, J. (2012). The Idea Factory: Bell Labs and the Great Age of American Innovation. Penguin Press.

Goldberg, D., Wagner, D., Brewer, E., & Wagner, D. (1997). A Pseudonymous Communications Infrastructure for the Internet. Unpublished manuscript.

Goldsmith Jr., T. T., & Mann, E. R. (1950). Simulación: una técnica numérica para realizar experimentos en un ordenador digital.

Greasley, A. (2016). Simulation Modelling for Business. John Wiley & Sons.

Greta. (2022). Greta GSM: printer, fax, and GSM phone. Greta official website.

Hadamitzky, W., & Spahn, M. (2011). Kanji & Kana: A Handbook and Dictionary of the Japanese Writing System. Rutland, VT: Tuttle Publishing.

Hale, G. (2023). Human-Computer Interaction & Computer-Assisted Learning. University of York.

Hauben, M., & Hauben, R. (1997). Netizens: On the History and Impact of Usenet and the Internet. IEEE Computer Society.

Hernández, F., & Ruíz, L. (2009). Análisis de los virus informáticos y su comportamiento en el ambiente de la tecnología de información. Instituto Tecnológico de Aguascalientes. Recuperado de http://www.redalyc.org/articulo.oa?id=86814269007

Heun, V., Panger, G., & Maes, P. (2018). Wearable Computing: From Labeling the World to Understanding It. German Research Center for Artificial Intelligence (DFKI). Chttps://www.dfki.de/web/research/publications/renameFileForDownload?filename=Wearable_Computing.pdf&file_id=uploads_3574.

Hromkovič, J. (2010). Algorithmics for Hard Problems: Introduction to Combinatorial Optimization, Randomization, Approximation, and Heuristics. Springer Science & Business Media.

IBM. (2008). Technical specifications of the Roadrunner supercomputer.

IBM. (2020). Voice Recognition Systems. IBM official website.

International Telecommunication Union (ITU-T) (1988). I.120 : Integrated services digital network (ISDN) – Overall network aspects and functions. ITU-T Recommendation.

ITU-T. (2011). E.164: The international public telecommunication numbering plan. Ginebra, Suiza: International Telecommunication Union.

Katz, J., & Lindell, Y. (2014). Introduction to Modern Cryptography. CRC Press.

Kendall, K. E., & Kendall, J. E. (2011). Systems analysis and design. Prentice Hall.

Kernighan, B. W., & Ritchie, D. M. (1978). The C programming language. Prentice-Hall.

Leiner, B. M., Cerf, V. G., Clark, D. D., Kahn, R. E., Kleinrock, L., Lynch,

D. C., . . . Wolff, S. (2009). A brief history of the Internet. ACM SIGCOMM Computer Communication Review, 39(5), 22-31.

Levine, J., Young, M. E., & Baroudi, C. (2009). The internet for dummies. Wiley Publishing.

Longley, P. A., Goodchild, M. F., Maguire, D. J., & Rhind, D. W. (2011). Geographic Information Systems and Science. John Wiley & Sons.

Ludwig, M. (1996). The Giant Black Book of Computer Viruses. American Eagle Publications.

Lye, J. (2014). The Cambridge Introduction to Creative Writing. Cambridge University Press.

Menezes, A. J., Van Oorschot, P. C., & Vanstone, S. A. (1997). Handbook of Applied Cryptography. CRC Press.

Merkle, R. C. (1990). A certified digital signature. In Advances in Cryptology—CRYPTO'89 Proceedings (pp. 218-238). Springer.

Monocle. (2023). Home page. https://www.monocle.com/

Murray, C. (1997). The Supermen: The Story of Seymour Cray and the Technical Wizards Behind the Supercomputer. Wiley.

Napoli, P. M. (2001). Foundations of Communications Policy: Principles and Process in the Regulation of Electronic Media. Hampton Press.

NASA. (2008). Pleiades supercomputer.

National Court Reporters Association. (2018). "How Court Reporting Works".

Neisser, U., Boodoo, G., Bouchard, T. J., Boykin, A. W., Brody, N., Ceci, S. J., ... & Urbina, S. (1996). Intelligence: Knowns and unknowns. American psychologist, 51(2), 77.

Nelson, P. H., Gondree, M. A., & Zachary, J. P. (2018). Guide to Scientific Computing and Cryptography. Springer.

Norton, M. (2022). The Evolution of Supercomputers. En: "Computational Science: Modern Approaches", pp. 81-98. Springer.

Norton. (s.f.). ¿Cuál es la diferencia entre un virus y un gusano? Recuperado de https://support.norton.com/sp/es/es/home/current/solutions/v71079555

Oak Ridge National Laboratory. (2008). Jaguar.

Ofcom. (2012). The National Telephone Numbering Plan. Londres, Reino

Unido: Ofcom.

Optinvent. (2021). Gafas inteligentes. Tecnología y uso en la industria 4.0. https://www.optinvent.com/2021/06/22/gafas-inteligentes-tecnologia-industria-40/.

Oxford Languages. (2021). Monocle. Oxford University Press.

Pérez, C. (2009). Virus y gusanos informáticos: historia, funcionamiento y evolución. Scielo. Recuperado de http://www.scielo.org.mx/scielo.php?script=sci_arttext&pid=S1870-90442009000100007

Pike, R., Presotto, D., Dorward, S., Flandrena, B., Thompson, K., Trickey, H., & Winterbottom, P. (1995). Plan 9 from Bell Labs. Computing Systems, 8(3), 221-254.

Princeton University. (2020). WordNet: A Lexical Database for English. Retrieved from https://wordnet.princeton.edu/

Richelson, J. T. (1999). The U.S. Intelligence Community. Westview Press.

Salthouse, T. A. (2012). "Is a Common Theory of Aging Needed to Explain Age and Individual Differences in Fluid Intelligence?". Psychology and Aging.

Scarfone, K., & Mell, P. (2007). Guide to intrusion detection and prevention systems (IDPS). National Institute of Standards and Technology (NIST), Special Publication 800-94.

Schneier, B. (1996). Applied Cryptography: Protocols, Algorithms, and Source Code in C. Wiley.

Seeley, C., Henshall, K., & Seeley, C. (2009). A Guide to Reading and Writing Japanese: Fourth Edition. Tokyo: Tuttle Publishing.

Shannon, C. E. (1949). Communication Theory of Secrecy Systems. Bell System Technical Journal, 28(4), 656-715.

Shannon, R. E. (1975). Sistemas de simulación: El arte y la ciencia. Prentice-Hall.

Shor, P. W. (1999). Polynomial-Time Algorithms for Prime Factorization and Discrete Logarithms on a Quantum Computer. SIAM Review, 41(2), 303–332.

Shorthand Writers' Association. (2019). "A Brief Overview of the Art of Shorthand".

Singh, S. (1999). The Code Book: The Science of Secrecy from Ancient Egypt to Quantum Cryptography. London: Fourth Estate.

Singh, S. (2000). The Code Book: The Science of Secrecy from Ancient Egypt to Quantum Cryptography. Anchor.

Smith, C., Johnson, D. (2018). Defense in Depth: The Art of Building Digital Fortresses. International Journal of Cybersecurity, 10(2), 145-163.

Smith, J. (2021). GPS Car Alarm Systems and Radar Inhibitors. Tech Review Journal.

Stallings, W. (2016). Computer Security: Principles and Practice. Pearson Education.

Stallings, W. (2017). Cryptography and Network Security: Principles and Practice. Pearson.

Stallings, W., & Brown, L. (2015). Computer Security: Principles and Practice. Pearson.

Stallings, W., & Tahiliani, M. P. (2018). Cryptography and network security: principles and practice. Pearson.

Stinson, D. (2006). Cryptography: Theory and Practice. Chapman & Hall/CRC.

Sun Microsystems. (2023). The AIO Card. https://www.sunmicrosystems.com/aio-card

Sutton, R. I., & Hargadon, A. (1996). Brainstorming groups in context: effectiveness in a product design firm. Administrative Science Quarterly, 41(4), 685-718.

Tanenbaum, A. S., & Bos, H. (2015). Modern Operating Systems. Pearson.

TechRadar. (2023). Sun Microsystems' Credit-Card Sized Computer. https://www.techradar.com/news/sun-microsystems-credit-card-sized-computer

TOP500. (2008). Franklin and Ranger.

TOP500. (2009). Supercomputer growth.

U.S. Department of Energy (DoE). (2018). Oak Ridge National Laboratory Launches America's New Top Supercomputer for Science. Retrieved from https://www.energy.gov/articles/oak-ridge-national-laboratory-launches-america-s-new-top-supercomputer-science

United Nations Environment Programme (UNEP). (2000). Handbook for the Montreal Protocol on Substances that Deplete the Ozone Layer. UNEP Ozone Secretariat.

Visio Guy. (2009). Timeline Shapes vs. Date/Time Scaling. Retrieved from https://www.visguy.com/2009/05/10/timeline-shapes-vs-date-timescaling/.

Wirth, N. (1973). The programming language Pascal. Acta Informatica, 1(1), 35-63.

Yasuoka, K. (2010). The origins of the Kana syllabary. In Bjarke Frellesvig and John Whitman (Ed.), Proto-Japanese: Issues and Prospects (pp. 221-238). Amsterdam: John Benjamins Publishing Company.

Zetter, K. (2014). Countdown to Zero Day: Stuxnet and the Launch of the World's First Digital Weapon. Crown.

Zoubek, Olender, Dussliere & Associates. (2021). "The Role of a Court Stenographer".